o ensino de português

o ensino de português

do primeiro grau à universidade

zuleika de felice murrie (org.)/alice vieira/
harry vieira lopes/maria silvia olivi louzada

editoracontexto

Coleção
Repensando o ensino

Projeto de capa
Sylvio de Ulhoa Cintra Filho

Revisão
Maria Aparecida M. Bessana
Luiz Roberto Malta

Composição
Veredas Editorial

Dados Internacionais de Catalogação na Publicação (CIP)
(Câmara Brasileira do Livro, SP, Brasil)

O ensino de português / /Zuleika de Felice Murrie (org.)
8. ed. – São Paulo : Contexto, 2016. – (Repensando o Ensino)

ISBN 978-85-7244-024-0

1. Português – Estudo e ensino. 2. Português coloquial.
I. Murrie, Zuleika de Felice. II. Série

92-2560 CDD-469.07

Índices para catálogo sistemático:
1. Português: Estudo e ensino 469.07

EDITORA CONTEXTO
Diretor editorial: *Jaime Pinsky*

Rua Dr. José Elias, 520 – Alto da Lapa
05083-030 – São Paulo – SP
PABX: (11) 3832 5838
contexto@editoracontexto.com.br
www.editoracontexto.com.br

2016

SUMÁRIO

APRESENTAÇÃO

Todos os professores envolvidos na escrita deste livro, têm uma mesma preocupação: o ensino de Português. A questão que nos propomos a discutir aqui é a da integração curricular e metodológica, nos diferentes graus, do primeiro à universidade.

As reflexões sobre o ensino da língua materna não se atêm apenas à aquisição dos aspectos normativos do sistema lingüístico, mas sim procuram recuperar a relação linguagem verbal e pensamento. A compreensão de linguagem como algo construído social e coletivamente, uma interação humana sujeita a constantes transformações, reflete uma concepção de pensamento histórico e dialético em essência.

As verdades absolutas perdem, aqui, espaço para as contradições entre sujeito-aprendiz e objeto de conhecimento. As questões de ensino em geral têm tentado preservar o "objeto" como se ele tivesse vida própria: aceitar mudanças que nos transportam para um caminho desconhecido é difícil, acostumados que estamos com preservação de idéias discutíveis e pré-conceituosas.

Entendemos a língua como um veículo de ideologias que transmite o pensamento de uma sociedade, e que é dentro dela que a transformação histórica realiza progressos e desvios necessários. Compreender a atividade lingüística do aluno contrapondo-a a nossa própria análise de língua, possibilitaria uma intervenção pedagógica, com a finalidade de formarmos alunos criadores de conhecimento e não apenas reprodutores. Este é o ponto em comum entre os relatos de experiências e reflexões sobre ensino-aprendizagem de Português dos autores.

Em resumo, podemos apontar alguns dos pressupostos teórico-metodológicos que perpassam a escrita dos textos:

– "O ensino da norma na escola" e "(Des)caminhos do texto narrativo na escola de 1º grau" questionam, o primeiro, aspectos relacionados ao ensino da norma culta padrão empreendido pela escola e as causas prováveis do fracasso escolar; o segundo, com base em pesquisa realizada na escola pública da grande São Paulo, o ensino-aprendizagem do texto narrativo ao longo do curso de primeiro grau e a distância entre os objetivos do professor e os resultados obtidos pelos alunos;

– "A alfabetização prossegue: uma experiência com a 5ª série" e "Os direitos humanos e o ensino da língua" discutem questões relativas ao ensino de Português no 1º grau. O primeiro relata uma pesquisa no cotidiano de uma 5ª série e destaca o caráter de continuidade do processo de "alfabetização" iniciado nas primeiras séries; o segundo diz respeito às relações entre conteúdos ministrados e direitos humanos na escola, enquanto transmissora de valores sócio-histórico-culturais, através da linguagem verbal;

– "Reflexões sobre o ensino/aprendizagem de gramática: teorias e práticas" e "Ensino de literatura no 2º grau: possibilidades de leitura" refletem a preocupação com a transmissão de conteúdos (gramática e literatura) no 2º grau, apontando ao professor uma revisão dos pressupostos teóricos tradicionais e caminhos para uma construção da prática em sala de aula mais adequada às expectativas do pré-vestibulando;

– "Prática de ensino de português: nos domínios da teoria" recupera a discussão da formação do professor de Português pela Universidade, ressaltando o papel das propostas interacionistas na construção do saber lingüístico.

Harry V. Lopes, Maria Silvia Louzada e eu fazemos parte da Equipe Técnica de Língua Portuguesa da Coordenadoria de Estudos e Normas Pedagógicas (CENP) da Secretaria de Educação do Estado de São Paulo e formulamos as Propostas Curriculares no Ensino de Português – 1º e 2º graus.

Alice Vieira, professora e doutora da FEUSP, é o nosso contraponto na universidade. Todos nós temos desenvolvido um diálogo constante com os professores da Rede Estadual de Ensino que nos têm ensinado muito. A eles dedicamos este livro, em homenagem ao trabalho comprometido que realizam, apesar da pouca consideração dos órgãos oficiais e do baixo salário. Esperamos que nossas reflexões auxiliem os leitores na construção de uma prática de ensino de Português mais eficiente e democrática.

Zuleika de Felice Murrie

O ENSINO DA NORMA NA ESCOLA*

*Maria Silvia Olivi Louzada***

É importante, inicialmente, deixar claro que as idéias, as reflexões e as posições contidas neste texto, se por um lado não são originais, inovadoras, porque já foram, no mínimo, divulgadas e discutidas com o conjunto dos professores da rede pública estadual, por outro são uma tentativa de, neste momento, sintetizar as reflexões sobre o ensino de língua portuguesa, reunindo o que desde 84 está difundido nos diversos materiais publicados pela CENP.

Não temos pretensão, portanto, de estar postulando idéias inovadoras, mas sim firmando posições já assumidas pela Proposta Curricular de Língua Portuguesa para o ensino de 1º grau, CENP/SE-1986.

"A Proposta Curricular para o ensino de Língua Portuguesa não deve ser lida como uma solução, um receituário ou um rol de conteúdo a ser seguido; ela pretende, antes de tudo, ser um estímulo à reflexão, visando a uma mudança de ponto de vista e de

---

* *Texto publicado inicialmente pela UNESP-Araraquara, 1990, série Encontros,* Perspectivas em sociolingüística, *org. Devino João Zambonim e Maria do Rosário F.V. Gregolin. (Publ. do curso de pós-graduação em lingüística e língua portuguesa. Ano IV nº 2)*

** *Da equipe técnica de língua portuguesa da CENP-SE. Pós-graduanda da Faculdade de Filosofia, Letras e Ciências Humanas da USP.*

atitudes em relação à linguagem e à língua e a uma consciência do papel do professor de Língua Portuguesa, para que seja capaz de adequar suas ações a esse papel."

Com essa advertência, a Proposta Curricular de Língua Portuguesa elaborada pela Equipe Técnica de Língua Portuguesa da CENP, resultado de um trabalho conjunto dos professores e pesquisadores das universidades e dos professores de 1º e 2º graus da rede pública estadual, pretende responder tanto à preocupação com os resultados do ensino apontados pela rede, quanto incorporar as teorias contemporâneas da linguagem ao ensino-aprendizagem da produção e interpretação de textos.

Neste sentido, cabe salientar que não se trata de traçar novos objetivos para a escola e para o ensino de Língua Portuguesa. Trata-se, na verdade, de indicar, pela reflexão, como melhorar o desempenho lingüístico dos escolarizados que, apesar das manifestações de intenção e de princípios, a escola não tem conseguido realizar de modo satisfatório.

Consideramos que é função inalienável da escola levar a criança a adquirir e praticar o dialeto padrão e praticar na modalidade culta e formal, não somente porque por ela será socialmente avaliada, mas porque por ela terá acesso à tradição cultural escrita.

Nessa perspectiva, cabe esclarecer dois pontos básicos:

1) O que entendemos por "norma".

2) Quem é o aluno que freqüenta hoje a escola pública.

Entendemos que norma "corresponde aos usos e atitudes de determinado segmento da sociedade, precisamente aquele que desfruta de prestígio dentro da nação, em virtude de razões políticas, econômicas e culturais. Ainda, convém distinguir pelo menos dois ingredientes que compõem a norma:

(A) A norma é um uso lingüístico concreto e corresponde ao dialeto social praticado pela classe de prestígio. Neste sentido, ela é também chamada "norma objetiva", "norma explícita", "padrão real".

(B) A norma representa a atitude que o falante assume em face da norma objetiva, corresponde ao que a classe socialmente prestigiada "espera que as pessoas ou façam ou digam em determinadas situações".[1]

Pois bem, o aluno que ingressa na escola pública, hoje, muito raramente é o falante desta norma. Pelo contrário, a expansão da rede escolar nas últimas décadas trouxe para a escola uma população que até a década de 60 era barrada na porta. Hoje, essa população entra, mas não permanece na escola. Mudou-se muito, aparentemente; mas na realidade só se mudou a posição da barreira: antes, na porta; hoje, intramuros.

Como interpretar este fato? Parece-nos que o "ensino para todos", na verdade, continua sendo o "ensino para poucos escolhidos", ou seja, mudou a população escolar, mas a escola continuou, ilusoriamente, ensinando *o que* e *como* ensinava há 20 ou 30 anos atrás. Torna-se, assim, evidente um dos mais fortes motivos para o seu fracasso: *a inadequação entre o que/como se ensina e para quem ensina.*

Deixando mais claro: as crianças que ocupam os bancos da escola pública vêm dos mais diferentes segmentos da sociedade, de diversas regiões, com experiências lingüísticas bastante diferenciadas, trazendo para a escola as variedades desprestigiadas do português. Desconsiderando tudo isso, a escola trata-as, indiscriminadamente, como aos alunos da década de 60, "os eleitos", e despeja sobre elas um sem-número de informações sobre uma língua que ela desconhece.

O que é pior, exerce, desde o início, uma "fiscalização" sobre a criança, cobrando dela um comportamento em relação ao que foi ensinado, informado.

A escola, quando tenta "erradicar" as formas de linguagem menos prestigiadas, está informando ao aluno: você fala "errado", escreve "errado"; e, por tabela: os valores culturais, a língua da sua comunidade também são "errados".

Ora, agindo assim, a escola estará endossando os preconceitos e as discriminações sociais.

Quando a escola tenta substituir a língua que o aluno já fala por outra, a dita "culta", ela fracassa e assim será enquanto não perceber que o respeito à fala do aluno é condição primeira para atingir o objetivo mais amplo: ensinar tudo a todos.

O respeito à fala do aluno é postura que se coaduna à maneira de se compreender e conceber a linguagem como forma de interação.

A aquisição e o desenvolvimento da linguagem não se dão em virtude de uma atividade isolada do sujeito, mas se dão, fundamentalmente, a partir da interação com o adulto. Tanto mais rica e fluente é a linguagem quanto mais rica é a interação social.

É na interação que a criança se exercita na atividade constitutiva da linguagem; nela aprende a jogar os jogos da linguagem e a interagir, com os participantes, enquanto interlocutores; nela vai constituindo o seu conhecimento do mundo na medida em que a experiência o representa, nela vai dominando os recursos lingüísticos e discursivos com que expressa essas experiências e se expressa.

Se nos reportarmos à situação de fala das crianças pequenas, não escolarizadas, poderemos observar e compreender como isso se dá.

Uma criança de 2 anos, oriunda de família de classe média, com pais de nível universitário cuja linguagem obedece, via de regra, aos padrões cultos de concordância, produz frases do tipo:

– "Tem um monte de corações cor-de-rosa".

– "Ela tem os olhos azuis".

Ao lado de:

– "As crianças mi batis".

– "Elas brigas comigo".

– "Eles correram".

Ora, não é tão difícil assim imaginarmos que uma criança, com a mesma idade da anterior, cujos pais não são escolarizados, possa produzir frases que não obedeçam ao padrão acima:

– "Tem um monte de coração cor-de-rosa".

– "Ela tem { os olho azul".
ozóio azú".
ozóio azur".

Ao lado de:

– "As criança mi bati".
"As criança bati ni mim".

– "Elas briga { cumigo".
cum eu".

– "Eles { correro".
correu".

Se nos detivermos um pouco na análise das frases anteriores poderemos constatar, no mínimo, que:

1) A *primeira criança* procura incorporar uma regra de formação do plural dos nomes e da estrutura dos verbos. O fato de usar "batis", "brigas", por analogia com o plural das expressões nominais, revela que há uma hipótese que a criança testa a partir de uma generaliação: plural = "s".

Ao lado desta hipótese, porém, observamos que ela já incorporou o plural de outros verbos: "correram", e as duas formas convivem no momento. É provável que esta criança chegue a concluir, muito antes de entrar na escola, que deve dizer: *batem, brigam,* em função da contínua interação com seus pais, que são usuários destas formas.

2) A *segunda criança* fala de acordo com as "regras" das pessoas com quem convive e, por isso, para ela o plural é marcado num só elemento da frase, numa determinada posição. Acrescente-se que em relação ao plural das expressões nominativas: "os olho azul", "ozóio azú", ou "ozóio azur", mantém-se a marca de pluralidade num só elemento ("os"), inclusive em "ozóio". É importante que, se não entrar em contato com outras manifestações lingüísticas que não a da sua comunidade, esta criança chegue à escola com essa "regra" bastante enraizada. É também possível que os seus primeiros escritos manifestem isso, registrando *o que* e *co-*

mo pronuncia: "ozóio", "azur", "azú", "bati", "correro", "cumigo", "cum eu".

Qualquer criança que ingressa na escola já traz, portanto, uma rica prática de linguagem, maior ou menor conforme o exercício efetivo da comunicação e a variedade de suas experiências. A escola não pode interromper esse processo: deve manter e aprimorar os comportamentos sociais da interação verbal, multiplicando as experiências de atividade discursiva para diferentes propósitos sobre diferentes temas, em diferentes condições de produção e interlocução.[2]

Além disso, a escola não pode ignorar a complexidade da linguagem de qualquer criança, independentemente do meio, família de que provém e das experiências lingüísticas que tenha vivenciado até então.

O ensino da Língua Portuguesa começa pela construção de relações adequadas para uma efetiva interação do professor e dos alunos e dos alunos entre si, para que cada um possa interagir no processo dialógico que é a linguagem.

É preciso, urgentemente, que a escola não só propicie, mas sobretudo permita que seus alunos possam expressar-se com liberdade, sem medo, sem imposições. Recuperar a fala do indivíduo, seu poder de expressão verbal é condição fundamental para o processo ensino-aprendizagem ser bem-sucedido.

Já na alfabetização, é preciso estar atento para os desvios que a criança produz na escrita e que não passam de reprodução de sua pronúncia: "ozóio", "paia", "brincano", "portera" (em lugar de "os olhos", "palha", "brincando", "porteira"). Não é possível tratar esses desvios como se tratam os desvios decorrentes da inconsistência do sistema de representação gráfica: exame – "ezame"; jeito – "geito"; passaram – "paçaram"/"pasaram"; etc.

É preciso ter presente que aqueles resultam da diferença entre a modalidade escrita e a modalidade coloquial, e não se "corrigem" sem consciência dos fatos relativos à variação lingüística, para os quais a criança tem grande sensibilidade.

O trabalho realizado pela professora Eglê Franchi, em 3ª série e em 1ª série, aponta para resultados extremamente positivos em relação aos objetivos que foram estabelecidos.

- "reforçar nos alunos a sensibilidade para diferentes usos da linguagem, conscientizando-os da existência de variações dialetais e de seu prestígio social relativo;
- levar as crianças a compreender o fato de que os usos da língua, independentemente de seus mecanismos, são regidos por certas convenções;
- caracterizar adequadamente o dialeto padrão como variação socialmente prestigiada, mas equivalente ao dialeto da criança do ponto de vista da expressividade e da comunicatividade;
- levar o aluno a observar a oposição entre o padrão culto e o popular;
- levar a criança a produzir frases, orações, expressões em ambos os dialetos em questão."[3]

A professora relata que a própria consciência da variação permitiu às crianças fazer opções por utilizar um ou outro dialeto. Cita o exemplo de uma redação:

> "... Enquanto seu pai e sua mãe ficavam arrumando a barraca para descansar, os dois irmãos estavam passeando quando viram um caipira que perguntou:
> – Aonde que oceis mora?
> E as crianças responderam:
> – Nós moramos na cidade."[4]

Assim, cabe à escola desenvolver desde as primeiras séries do 1º grau a sensibilidade das crianças em relação às variações lingüísticas e colocar a nu os preconceitos sociais que privilegiam umas e discriminam e estigmatizam outras.

A criança precisa, pouco a pouco, ir aprendendo que as expressões que produz ("ponhá", "cabê", "muié", "nóis num vai", "ozóio", "os menino", etc.) são formas tão expressivas quanto quaisquer outras e que *a modalidade padrão é uma alternativa e não a linguagem única em que pode manifestar-se*.

É no respeito e na discussão ampla das variedades lingüísticas que a escola pode possibilitar ao aluno o acesso à norma culta, sem as conseqüências prejudiciais da imposição escolar, eivada de preconceitos.

Levar a criança ao domínio da norma padrão e culta, dar-lhe condições de responder às exigências formais do texto escrito, fazê-la ampliar os modos de representação do mundo, são certamente, objetivos precípuos da escola.

Mais facilmente a criança tem acesso à norma culta, quando não é reduzida ao silêncio precocemente; quando, exercitando livremente a modalidade de sua linguagem, é capaz de confrontá-la com outras modalidades e de perceber os valores sociais que são atribuídos a umas e outras e de compreender como elas associam a diferentes atividades e a diferentes propósitos sociais.

Uma outra reflexão que se deve fazer é a de que o aprendizado da variante lingüística pela criança, antes mesmo de entrar na escola, se deu pela interação com seu grupo familiar e comunitário. Assim também é lícito supor que o maior número possível de experiências lingüísticas na variante padrão levará ao domínio desta variante. É o que Ilari e Possenti denominam "exposição aos dados", vale dizer, produção e interpretação de textos para que a criança vá, aos poucos, percebendo e refletindo sobre o funcionamento da linguagem, ampliando os recursos expressivos, questionando e se posicionando sobre o que/como/em que situação usar uma e/ou outra forma de linguagem.

"Não se trata de excluir das tarefas da escola a reflexão sobre a linguagem, isto é, a descrição de sua estrutura ou a explicitação de suas regras... trata-se apenas de estabelecer prioridades, deixando claro que não faz sentido, a nosso ver, descrever ou tentar sistematizar algo de que não se tenha um domínio efetivo.

Pense-se no que aconteceu durante décadas no ensino de língua estrangeira: ensinavam-se regras gramaticais e o resultado era invariavelmente a incapacidade de os alunos se comunicarem nela.

Não teria sido mais proveitoso o inverso, que se aprendesse a falar nessas línguas ao invés de falar sobre elas? Achamos que o mesmo vale para a variante padrão do português: mais vale que ela seja dominada, ainda que não descrita, do que apenas descrita."[5]

Não se trata também tão e somente de mudança metodológica, ou de técnicas de ensino. *Trata-se, primordialmente, de uma mudança de postura do profissional de ensino em relação à concepção de linguagem e do que é ensinar língua materna.*

É urgente reverter o quadro de ensino de língua que temos: os alunos, por um lado, considerando que "aprender Português é muito difícil"; por outro lado, as lamentações do professor: Por que os alunos não aprendem, não transferem as informações para seus textos, apesar do meu esforço?"

Mais valeria ao professor questionar-se sobre para que serve o que eu ensino aos alunos. Por que português é difícil na escola, se os alunos já falam competentemente essa língua?

Para responder a essas e outras questões o professor deveria, antes de tudo, atentar, observar com cuidado o que falam, como falam, o que escrevem, como escrevem os seus alunos para redimensionar seus objetivos e propor formas adequadas de atingi-los.

A reflexão sobre sua prática é fundamental para propor o que/como/para que e para quem ensinar.

Enquanto o professor se colocar na posição privilegiada do que sabe e tem para doar e informar, e o aluno na de quem recebe e se cala, não será possível ensinar e aprender com sucesso.

A distância entre a linguagem da criança, vale dizer a gramática da língua que dominam, e a linguagem formal, culta, é muito menor do que costumamos considerar. Por que, então, temos tantas dificuldades em superar essas poucas diferenças? Onde se situam as diferenças, que acreditamos fundamentais, dessas linguagens? Vejamos. Na morfologia, temos, como já exemplificamos, alguns problemas na formação do plural das palavras. Há também problemas com a estrutura verbal ("nóis fumu", "nóis samo", "nóis tem"), porém são limitados. No léxico? Sabemos que a ampliação, a aquisição do léxico é uma questão de cultura, de acesso à leitura, de acesso a situações mais complexas que as situações coloquiais. Essa aquisição é um processo cumulativo e à escola, sem dúvida, cabe propiciar oportunidade para que isso ocorra.

O mais importante é compreender que qualquer pessoa quando fala não faz isso sem "regras". Ela pode estar violando uma "regra" da língua padrão, da língua de cultura, da gramática da linguagem formal, mas não viola a "regra" da sua linguagem, da sua própria gramática.

Desta forma, o ensino da língua padrão não pode estar, volto a dizer, assentado na substituição da forma coloquial.

O trabalho do professor de língua portuguesa constitui-se em multiplicar, aumentar e acrescentar os recursos expressivos de que a criança não dispunha. O aluno deve, a longo prazo, estar em contato com as formas que coloquialmente não usa, e saber usá-las em situações formais.

A escola deve dar chance à criança de amadurecer para tarefas cada vez mais complexas. Não simplesmente contemplando o que ocorre com ela, mas subsidiando-a, assistindo-a, redirecionando o processo de ensino-aprendizagem da língua padrão.

NOTAS

1. ATALIBA, Teixeira de Castilho. A Variação Lingüística, Norma Culta e Ensino da Língua Materna. In: *Subsídios à Proposta Curricular de Língua Portuguesa para o 1º e 2º graus*. Coletânea de textos. São Paulo, CENP/SE, 1988, vol. I, pág. 53.

2. GERALDI, João Wanderley. Concepção de linguagem e ensino de português. *In:* São Paulo (Estado) Secretaria da Educação. Coordenadoria de Estudos e Normas Pedagógicas. *O ensino de língua portuguesa*. São Paulo, CENP/SE, 1985 (Língua Portuguesa 1).
3. FRANCHI, Eglê Pontes. A norma escolar e a linguagem da criança. *In: O ensino de Língua Portuguesa*. São Paulo, CENP/SE, 1988, pág. 9.
4. *Idem*, pág. 12.
5. ILARI, Rodolfo & POSSENTI, Sírio. *Português e ensino de gramática*. São Paulo (Estado) Secretaria da Educação. Coordenadoria de Estudos e Normas Pedagógicas. São Paulo CENP/SE, 1985 (Língua Portuguesa 2) pág. 8.

OS (DES)CAMINHOS DO TEXTO NARRATIVO NA ESCOLA DE 1º GRAU

*Maria Silvia Olivi Louzada**

O presente trabalho detém-se na análise de produções de textos narrativos ao longo do 1º grau, observando como se dá o seu desenvolvimento em quatro momentos: 1ª, 4ª, 6ª e 8ª séries. A intenção foi verificar, a partir dos conhecimentos que o aluno já domina no início da escolarização, como se dá a evolução do conhecimento gerenciado pela escola. Também foram objetos dessa análise o "grau" de aprofundamento no tratamento do texto narrativo em diferentes momentos do curso; as discrepâncias e incoerências entre as séries, os problemas de aprendizagem remanescentes de uma série para a outra e ao final do curso.

Elegemos o *texto narrativo* como objeto da nossa investigação em função de:

- haver um estereótipo escolar, por assim dizer, que acredita ser o texto narrativo, dentre os diferentes textos com que a escola deve trabalhar, o mais fácil, o mais simples;

---

* *Publicações (co-autoria):* Proposta Curricular para Ensino de Português – 2º grau, *CENP/SE, 1992;* O Texto: da Teoria à Prática, *CENP/SE, 1990;* Proposta Curricular para o Ensino de Língua Portuguesa – 1º grau, *CENP/SE, 1987.*

- os professores, em geral, acreditarem que fazem um trabalho razoável na leitura e produção de textos;
- ser um conteúdo que a escola costuma trabalhar em todas as séries e cursos (1º e 2º graus);
- uma hipótese, por nós levantada: o trabalho que se realiza na escola com este texto é bastante superficial, não explorando na leitura/produção os elementos que o estruturam, as formas de introduzir personagens, os modos de narrar, etc.

O trabalho realizou-se, então, da seguinte maneira:

- definimos a realização da pesquisa em uma escola pública da Grande São Paulo como parte de um trabalho de orientação aos professores de Língua Portuguesa que estamos desenvolvendo;
- elegemos, aleatoriamente, uma classe de cada série a fim de podermos iniciar a análise, colhendo, inicialmente, informações/parâmetros sobre o grupo de onde retiraríamos os dados;
- lemos e analisamos todos os textos da classe e os classificamos, primeiramente, em dois tipos: a) textos que atendem à proposta de redação; b) textos que fogem à proposta de redação;
- selecionamos de cada classe um texto que pudesse representar a média dos textos produzidos pelos alunos da classe/série, para detalharmos os aspectos que desejávamos investigar.

Não pretendemos, neste trabalho, propor um modelo de análise, mas, tão-somente, extrair dados que nos permitam tecer considerações sobre como se dá, em geral, o estudo do texto narrativo ao longo do curso de 1º grau; quais os conhecimentos que o aluno vai adquirindo na escola sobre esse assunto, quais problemas e dificuldades a escola, apesar de muitas vezes diagnosticar, não consegue sanar.

Passemos, pois, às análises dos textos produzidos pelos alunos.

1ª SÉRIE DO 1º GRAU

O texto produzido pela aluna é uma *paráfrase* do livro *Medo do Escuro*, de Antônio Carlos Pacheco[1], lido pela professora em classe. Os alunos, antes de escrever o texto, representaram a leitura pelo desenho e tiveram oportunidade de relatá-lo oralmente.

Vamos observar no texto da aluna, por tratar-se de uma paráfrase, a manutenção dos elementos da história original, a forma de introduzi-los, a organização e a linguagem utilizada.

O livro de Antônio Carlos Pacheco relata a história de uma estrela que, por ser medrosa, vivia escondida, recusando-se a brilhar como as demais estrelas, até que foi convencida pela lua a cumprir a sua função, isto é, brilhar.

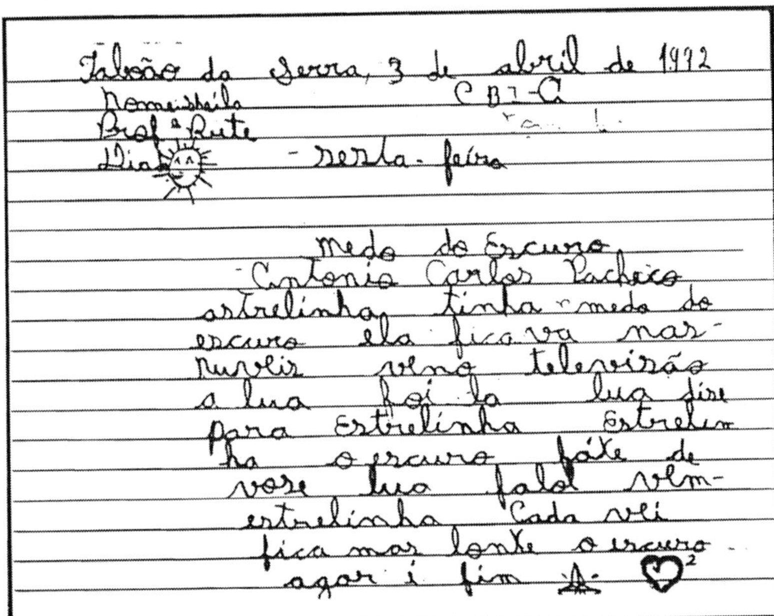
Taboão da Serra, 3 de abril de 1992
Nome: Sheila CB1-C
Profª Ruth
Dia - sexta-feira

Medo do Escuro
Antonio Carlos Pacheco
a estrelinha tinha medo do escuro ela ficava nas nuvis veno televisão a lua foi la lua dise para estrelinha estrelinha o escuro faize de vose lua falol sim- estrelinha cada vei fica mas lonte o escuro agor i fim

Assim, quanto aos *elementos estruturais da narrativa* podemos observar que:

a) A aluna mantém os *personagens* da história original (a *estrelinha*, a *lua*) que julgou fundamentais para o desenvolvimento do enredo, inclusive com a importância que tinham nesse texto: a estrelinha, personagem principal; a lua personagem coadjuvante.

b) Em relação ao *enredo* mantém as informações principais: O medo do escuro que a estrelinha tinha; o que ela fazia em função do medo (ficava vendo TV); a lua esclarecendo à estrelinha que o escuro foge dela, desfazendo a "complicação" narrativa sobre a qual se baseava a história.

c) O texto localiza as ações narradas ("nas nuveis", "lá") para poder fundamentá-las, porém deixa de relatar uma passagem importante ("entrou pela porta da noite") para poder finalizar a narrativa. A aluna parece dar-se por satisfeita com a explicação que a lua dá para a estrelinha e finaliza a história.

d) A narrativa ocorre no passado, o que pode ser verificado no uso do *pretérito dos verbos* ("tinha", "ficava vendo", "foi", "disse", "falou"); quando se trata do relato do narrador. Quando a personagem fala (a lua), usando o discurso direto, o tempo verbal é *presente* ("foxe" (foge), "vem", "fica"). Volta o narrador ("agor *é* fim"), usando, desta vez o presente do verbo ("é") em função do uso de "agor(a)").

e) A aluna mantém a narrativa na 3ª pessoa, como no texto original.

f) A aluna conserva o título e o nome do autor do texto original, apesar de, agora, tratar-se do seu texto.

g) A aluna parece assumir o papel de quem escreve o texto apenas na frase final ("Agor é fim").

Em relação à *organização textual:*

a) A aluna não separa frases, períodos e parágrafos, mas separa as palavras. Quando não as separa é por não concebê-las em unidades distintas na escrita, já que as pronuncia juntas ("astrelinha").

b) Não utiliza ainda os sinais de pontuação.

c) Utiliza-se de *frases-justapostas,* isto é, sem usar conectivos (conjunções coordenadas e subordinadas), mas seu texto é coeso e coerente.

Às vezes, não utiliza o artigo ("foi lá (a) lua disse"; "(a) lua falou").

d) Preocupa-se em marcar que o texto acabou.

e) Flexiona adequadamente verbos, substantivos, artigos, pronomes (concordância verbal e nominal).

f) Em relação à *representação escrita* podemos observar que a aluna:

– transcreve a fala (presença da variação lingüística) em: "astrelinha", "nuveis", "veno", "fóxe", "cada vei", "lonxe", "agor é".

– escreve corretamente algumas palavras que contêm as chamadas "dificuldades" estreli*nha* ti*nha* (nh), talvez por ter-se habituado à sua forma (imagem visual da palavra).

– apresenta incorreções ortográficas (poucas!) em virtude de:

- um mesmo som ser representado por diferentes letras ("dise", "vose");
- a proximidade do ponto de articulação dos fonemas ("foxe" (G/X);
- pronunciar igualmente fonemas distintos ("falol"-u/lfinal), representados por diferentes letras;

– acentua graficamente algumas palavras de *timbre aberto* ("é", "fóxe") e marca a nasalização ("televisão"), talvez por ser palavra muito conhecida.

4ª SÉRIE DO 1º GRAU

Comparativamente ao texto produzido por alunos de 1ª série, era de se esperar que o texto de aluno de 4ª série pudesse apresentar significativas mudanças, que o aluno tivesse incorporado uma série de procedimentos relativos à produção de texto.

Vejamos se isso ocorre.

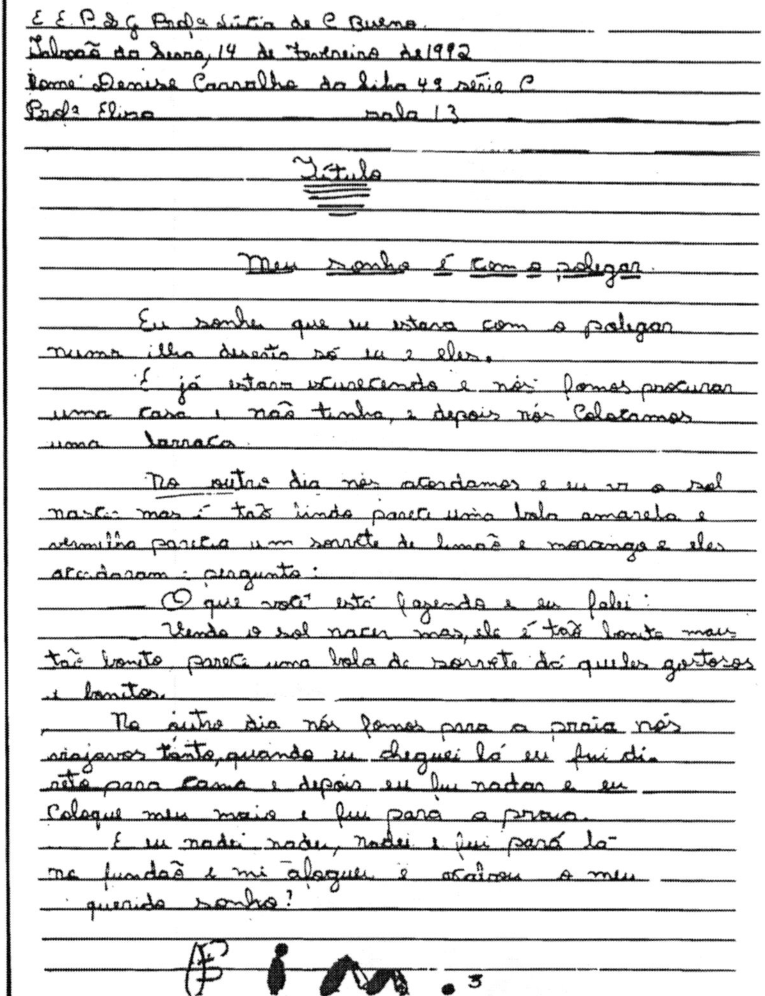

E. E. P. S. G. Profª Lúcia de C. Bueno.
Taboão da Serra, 14 de fevereiro de 1992
Nome: Denise Carvalho da Silva 4ª série C
Profª Elisa sala 13

Título

Meu sonho é com o Polegar

Eu sonhei que eu estava com o Polegar numa ilha deserta só eu e eles.

E já estava escurecendo e nós fomos procurar uma casa e não tinha, e depois nós colocamos uma barraca.

No outro dia nós acordamos e eu vi o sol nascer mas é tão lindo parece uma bola amarela e vermelha parecia um sorvete de limão e morango e eles acordaram e perguntou:

— O que você está fazendo e eu falei:

— Vendo o sol nascer mas, ele é tão bonito mais tão bonito parece uma bola de sorvete daqueles gostosos e bonitos.

No outro dia nós fomos para a praia nós viajamos tanto, quando eu cheguei lá eu fui direto para cama e depois eu fui nadar e eu coloquei meu maiô e fui para a praia.

E eu nadei nadei, nadei e fui para lá no fundão e me afoguei e acabou o meu querido sonho?

Fim.

O texto acima contém, no geral, tanto os avanços como as dificuldades dos alunos da classe/série. Vamos, pois, examiná-lo, assim como aos subseqüentes, sob o ponto de vista da adequação à proposta feita pela professora, da inclusão dos elementos estruturais da narrativa, da organização textual, dos problemas formais remanescentes das séries anteriores.

A proposta de produção de texto vinculou-se a um pequeno texto dado pela professora ("Meus Sonhos") como motivação para escrever, como "detonador" da produção da aluna. Solicitou-se, em seguida que os alunos contassem um de seus sonhos.

Adequação à proposta

A proposta supõe conotações diferentes para *sonho:* sonhar quando se dorme; sonhar acordado, isto é, desejar ou imaginar algo.

A aluna parece optar pela segunda alternativa e faz o seu relato baseada numa suposição, talvez um secreto desejo: estar numa ilha deserta com o (grupo) Polegar.

Elementos estruturais da narrativa

a) O *título* dado ao texto é inadequado, pois revela a intenção da aluna (o uso do verbo – "é" – indica que se dá uma resposta a algo que foi proposto ou perguntado).

b) O *narrador* é de 1ª pessoa, conforme sugestão da proposta ("conte algum de seus sonhos"), mas a sua narrativa não apresenta traços característicos desta opção, indicando que ela foi irrelevante para a direção que o texto seguiu.

c) Os *personagens* ("eu", "eles") não são detalhados, caracterizados, apesar do texto ser narrado em primeira pessoa. Relacionam-se em função de uma situação criada ("ilha deserta"). No penúltimo parágrafo, a narradora esquece-se do (grupo) Polegar e narra apenas o que ocorre com ela. Não dá, portanto, continuidade aos personagens que desaparecem de cena sem mais nem menos, sem dizer a que vieram.

d) O *espaço* tem, neste texto, particular importância ("ilha deserta"), pelo menos era o que anunciava o seu início. No entanto, esta impressão não chega a se confirmar, visto que a narradora, mais uma vez, parece esquecer-se deste detalhe. No segundo parágrafo, inclusive, deixa uma lacuna narrativa quando não esclarece o local onde "nós colocamos uma barraca". A descrição do ambiente está presente no terceiro parágrafo ("vi o sol nascer"), com a criação de figura de linguagem ("parece uma bola amarela e vermelha e parecia um sorvete de limão e morango"). Há, ainda, a presença de outros locais ("praia", "lá", "lá no fundão (do mar)") que aparecem em função da mudança temporal assinalada ("no outro dia").

e) A narrativa ocorre no passado, o que se pode observar no uso do *pretérito dos verbos* ("sonhei", "estava", "acordamos", "fomos", "nadei", "afoguei"...). Toda vez que a narradora inclui a fala dos personagens há mudança no tempo verbal (presente), mesmo que o discurso direto não esteja formalmente marcado, como no terceiro parágrafo (... "eu *vi* o sol nascer mas *é* tão lindo parece uma bola amarela e vermelha *parecia* um sorvete"...), ou no 4º (" – o que você *está fazendo* e eu *falei*"...). Há, também, uma marcação cronológica do *tempo* ("estava escurecendo"; "no outro dia", "no outro dia"), o que nos permite dizer que a história se passa em três dias. Há algumas lacunas narrativas relativas a lugares e tempo (..."fomos para a praia nós viajamos tanto",...) que, de alguma maneira, prejudicam a coerência do texto.

f) Como se trata de um sonho, narram-se apenas *dois episódios* (estar na ilha/afogamento). Entre eles, porém, não há, aparentemente, relação alguma, já que a aluna "perdera" os demais personagens durante o texto. O que eles tiveram ou teriam a ver com o seu afogamento? Eles a salvaram? Como? Mais uma vez, observamos a incoerência presente no texto.

g) Preocupa-se em fechar a história (..."e acabou o meu querido sonho?"), como muitas das crianças dessa faixa de escolaridade.

Organização do texto

a) Estabelece relações de causalidade entre os fatos narrados ("... e já estava escurecendo e nós fomos procurar uma casa..."), apesar de usar a conjunção inadequada ("e").

b) Utiliza frases justapostas (segundo parágrafo) com coordenação aditiva própria à fala ("e").

c) Presença de repetições de palavras e expressões, bem como de redundância (... "eu estava com o polegar numa *ilha deserta só* eu e eles").

d) Ausência quase total de pontuação no interior dos parágrafos, prejudicando o entendimento do texto, misturando fala de personagem e de narrador.

e) A noção de parágrafo refere-se à mudança de linha e ao afastamento da margem, mais que ao conteúdo/tema desenvolvido.

f) Flexiona corretamente verbos, substantivos, artigos, pronomes (concordância verbal e nominal), com exceção de ..."eles acordaram e pergunto".

Problemas formais

– *Pontuação:* pontua, apenas, o final do parágrafo, raras vezes o seu interior.

– *Acentuação Gráfica* – acentua 13 das 14 palavras do texto que deveriam ser acentuadas (não acentuou "maiô"). Acentua inadequadamente "dá queles" (daqueles) e "pará" (parar) em função de, no primeiro caso, supor serem duas palavras (verbo + queles) e, no segundo, transcrever a fala (variação lingüística).

– *Ortografia* – além de "dá queles" e "pará", referidos anteriormente, grafa inadequadamente "nascer", apesar de já tê-la escrito corretamente no texto: troca *mas* por "mais", apesar de também já tê-la escrito outras duas vezes.

Passemos, agora, à análise do texto elaborado por aluno de

6ª SÉRIE DO 1º GRAU

A proposta de redação partia de um texto inicial (O Palhacinho Cego), do qual se forneceram os dois primeiros parágrafos, sugerindo que os alunos lhes dessem continuidade e conclusão.

A redação que escolhemos para analisar detalhadamente representa, em geral, a média dos textos produzidos pela classe.

Adequação à proposta

Para que a aluna pudesse, com sucesso, realizar o trabalho proposto precisaria ter entendido e fixado certos aspectos presentes nos dois parágrafos iniciais, tais como: informações referentes a tempo, espaço, personagens, enredo, etc...

O texto que estamos analisando continua a narrativa, mantendo dela os seus elementos fundamentais, porém não o faz coerentemente: se o Palhaço Mimoso era "especial", atraía público, "fazia coisas incríveis", não haveria por que o dono do circo não lhe dar mais valor no decorrer do texto, conforme a aluna relata.

Elementos estruturais da narrativa

a) O *título* do texto já havia sido dado pela professora e, sendo uma referência a um dos personagens, de alguma forma supõe que seja a história dele que se vá contar. De certa forma isso é percebido pela aluna, que passa a relatar o relacionamento desse personagem com os demais personagens do texto.

b) A aluna mantém o *narrador* em 3ª pessoa como indicado nos parágrafos iniciais.

NOME: Sandra Raquel ____ 6ª C

REDAÇÃO TÍTULO: ____

TEMA: ____

TÍTULO: O palhacinho cego

Havia em certa cidade distante, um circo que se tornara famoso atraía multidões. Pessoas e todas as idades corriam para lá ansiosas por assistir as apresentações cômicas de um palhaço muito especial diferente. Ele não enxergava mesmo, e cego. Mimoso como era chamado fazia coisas incríveis.

Um dia o dono do circo querendo aumenta ainda mais seus lucros contratou um novo palhaço. Também mas não cego chamava-se Failico

Os dias de mimoso já não eram os mesmo e outro palhaço que não era cego chamado Failico queria ser o mais esperto. o dono do circo já não dava mais valor ao mimoso

Mimoso se achava inutil enquanto isso Failico se achava muito útil mais Failico não fazia coisas incriveis como Mimoso mais assim mesmo ele se achava o melhor.

No circo já não iam muitas pessoas como antes muitas vezes o dono do circo tirava mimoso ai cina durava só o failico se apresentar

No outro dia failico ficava falando para mimoso que ele era o melhor.

Mimoso se achava rejeitado por todos principalmente pelo dono do circo.

mas nem por todos Mimoso era rejeitado, porque depois que failico entrou no circo as pessoas deixaram de ir ao circo com o prejuiso que o dono do circo estava levando ele demitiu o failico e e mimoso voltou a fazer coisas incriveis e as pessoas cada vez mais iam ao circo e Mimoso voltou a ser ~~feliz~~ feliz.[4]

c) Todos os *personagens* são mantidos também (Mimoso, Lilico e o dono do circo), porém não há maior preocupação em detalhá-los, caracterizá-los.

d) O *espaço*, como já indicava o trecho inicial, continua indefinido ("certa cidade distante, um circo"), e a aluna não se preocupa em descrevê-lo melhor, fornecendo novos detalhes, ambientando os acontecimentos.

e) O *tempo* também continua indefinido ("um dia"). Há referências temporais em "os dias de Mimoso", "no outro dia". As ações narradas continuam a ser relatadas no passado, ordenadas cronologicamente.

f) Como já observamos há incoerência narrativa entre os parágrafos iniciais e os que a aluna elaborou em continuidade. No entanto, a aluna relata o relacionamento dos dois palhaços, a decadência do circo, o prejuízo do seu dono, a demissão de Lilico, a volta de Mimoso ao espetáculo, a sua felicidade.

g) O final da história repete o clichê dos contos de fadas: "e Mimoso voltou a ser feliz".

Organização do texto

a) A ausência de pontuação prejudica a coerência textual, pois dificulta o seu entendimento.

b) A noção de parágrafo não parece ser adequada, visto que apesar de prender-se a aspectos formais (distanciamento da margem), não obedece à organização do conteúdo, ao desenvolvimento das idéias. Por exemplo: o 4º e 5º parágrafos poderiam constituir um só; inversamente, o último parágrafo do texto poderia ser desdobrado.

c) Utiliza elementos de coesão (conjunções) próprios à fala ("e", no último parágrafo).

d) Uso de redundâncias e repetições inadequadas ("Mimoso se achava rejeitado por todos principalmente pelo dono do circo mais nem por todos Mimoso era rejeitado"), principalmente no último parágrafo do texto.

Problemas formais

– *Pontuação:* ausência de pontuação no interior dos parágrafos, usa somente o ponto final.

– *Acentuação Gráfica:* não a utiliza com regularidade ("já", "inutil", "util", "incríveis", "só", "prejuiso", "incriveis").

– *Ortografia:* transcreve a fala em: "queiria", "mais" (por mas), "veiz". Confunde-se quando se trata de fonema representando por diferentes letras: 'prejuiso" (s/z).

Finalmente, passemos à análise da produção de texto narrativo-descritivo elaborado por alunos de

8ª SÉRIE DO 1º GRAU

A proposta feita pela professora supôs a leitura do fragmento: *Um bairro operário,* de Máximo Gorki, sendo que os alunos foram solicitados a reconhecer no texto os substantivos e adjetivos que compunham a descrição de ambientes e personagens. A seguir, deveriam elaborar nova narrativa incluindo tais substantivos e adjetivos. O objetivo da atividade era salientar para os alunos os aspectos descritivos em uso no texto e, numa segunda etapa, fazê-los utilizá-los em suas produções.

A redação escolhida para análise, de alguma forma, representa a média dos textos elaborados pelos alunos, além de ser uma das poucas produções da classe que apresentaram características de narração.

Adequação à proposta

O texto base, de Gorki, é predominantemente descritivo, e esta era a intenção mais evidente: observar os elementos que com-

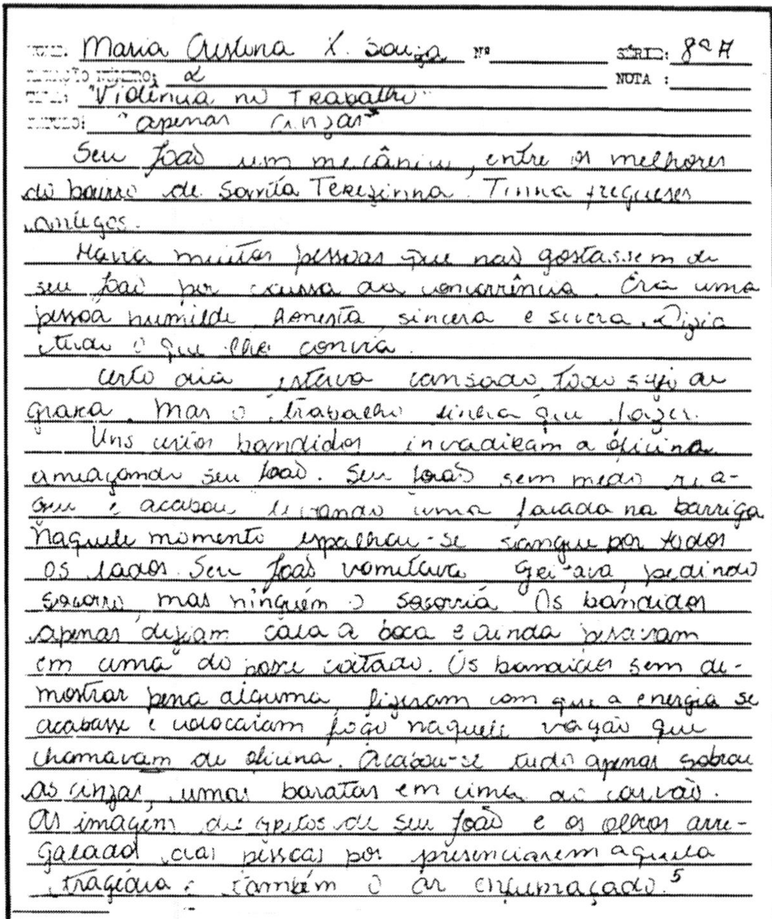
Nome: Maria Cristina X. Souza Nº ____ Série: 8ª H
Redação número: 2 Nota: ____
Tema: "Violência no Trabalho"
Título: "apenas cinzas"

Seu João um mecânico, entre os melhores do bairro de Santa Terezinha. Tinha fregueses amigos.

Havia muitas pessoas que não gostassem de seu João por causa da concorrência. Era uma pessoa humilde, honesta, sincera e séria. Dizia tudo o que lhe convia.

Certo dia estava cansado, todo sujo de graxa. Mas o trabalho tinha que fazer.

Uns caras bandidos invadiram a oficina ameaçando seu João. Seu João sem medo reagiu e acabou levando uma facada na barriga. Naquele momento espalhou-se sangue por todos os lados. Seu João vomitava, gritava, pedindo socorro mas ninguém o socorria. Os bandidos apenas diziam cala a boca e ainda pisavam em uma do corte cortado. Os bandidos sem demostrar pena alguma fizeram com que a energia se acabasse e colocaram João naquele vagão que chamavam de oficina. Acabou-se tudo apenas sobrou as cinzas, umas baratas em uma do carvão. As imagens dos gritos de seu João e os olhos arregalados das pessoas por presenciarem aquela tragédia: também o ar enfumaçado.[5]

põem a descrição. No entanto, ao propor a elaboração de um texto narrativo-descritivo, pareceu-nos que aos alunos isto não ficou suficientemente claro, daí o grande número de textos opinativos, descritivos ou "mistos".

O texto que estamos analisando tenta de algum modo adequar-se à proposta: conta um episódio, incluindo os termos e expressões do texto anterior.

Elementos estruturais da narrativa

a) O *título* do texto refere-se ao desdobramento final do episódio: o incêndio provocado. Não chega a ser sugestivo e, à primeira vista, parece não manter relação com o tema (violência no trabalho).

b) A narração desenvolve-se em *terceira pessoa*, sendo que o *narrador* limita-se a relatar os acontecimentos, se bem que algumas expressões sugiram julgamento ("entre os melhores do bairro", e todo o segundo parágrafo do texto).

c) *Personagens:* Seu João (o trabalhador vítima da violência), os bandidos e "as pessoas" que viram o que ocorreu. Há preocupação em caracterizar seu João ("mecânico", "pessoa humilde, honesta, sincera e severa") e os bandidos ("sem demonstrar pena"). São, porém, descrições poucas e diretas, nada sugestivas, como supunha a proposta de redação e o texto de apoio.

Há indefinição de personagens ("uns certos bandidos"), que até aparecem "milagrosamente" do nada ("os olhos arregalados das pessoas"), apenas compondo o cenário trágico.

d) A descrição das *cenas, ambientes* também revela a maneira ligeira, apressada de fazê-lo. Localiza-se o personagem no primeiro parágrafo ("bairro de Santa Terezinha") e depois onde ocorre o episódio relatado ("oficina").

e) O *tempo* da história é indefinido ("certo dia") à semelhança dos contos de fadas. A narrativa ocorre no passado, o que se pode observar no uso do *pretérito dos verbos* ("tinha", "estava", "era", "invadiram", "reagiu"...). Usa-se o *imperativo* ("cala a boca") marcando o discurso direto, se bem que este vem misturado ao discurso do narrador.

f) Somente no quarto parágrafo inicia-se a narração propriamente dita ao episódio (assalto e morte de seu João). A forma de relatar é apressada, pois em dois períodos se conta o início do acontecimento ("bandidos invadiram") e o seu desfecho ("acabou levando uma facada na barriga"). Detém-se no relato da agonia de

João ("vomitava", "pedindo socorro", "sangue por todos os lados") e na crueldade dos agressores, relatando seus feitos ("pisava em cima do pobre coitado", "colocaram fogo").

Não diz como os bandidos saem de cena e nela introduz outros personagens ("as pessoas"), sem esclarecer para aonde foram uns e de onde surgiram os outros.

g) Finaliza a história com um clichê: "Acabou-se tudo".

Organização do texto

a) Ausência de coesão formal, prejudicando em parte a coerência textual:

– No segundo parágrafo não são utilizados conectivos (conjunções) entre as frases, o que impossibilita que o leitor compreenda de imediato quais as relações entre o que se diz em uma ("Havia muitas pessoas que não gostassem de seu João por causa da concorrência") e outro ("Era uma pessoa humilde"...). A elaboração da primeira frase também peca pela omissão quando não esclarece por que "muitas pessoas" não gostam do seu João "por causa da concorrência". São os demais mecânicos concorrentes que não gostam dele? Ou não?

– O primeiro e o segundo parágrafos poderiam constituir-se num só, bastando para isso o uso de uma conjunção (por exemplo: "tinha fregueses antigos *apesar de* haver muitas pessoas que não gostassem dele...").

– A frase final do texto ("As imagens dos gritos de seu João... o ar enfumaçado") parece não manter relação com a frase anterior. O uso da conjunção aditiva ("*e* também o ar enfumaçado") não está adequado visto que os elementos elencados anteriormente ("gritos", "olhos arregalados") não têm, em princípio, nada a ver com o "ar enfumaçado".

– Há incoerências em "baratas em cima do carvão" (como também não foram queimadas se "acabou-se tudo"?) e em "imagens de gritos".

b) A aluna demonstra não dominar correta noção de parágrafo e de sua organização.

Problemas formais

– *Pontuação:* não incorporou ainda o correto uso de vírgula para separar o adjunto adverbial ("certo dia (?) estava cansado"; "naquele momento (?) espalhou-se"), orações intercaladas ("Os bandidos (?) sem demonstrar pena alguma",...) e coordenadas assindéticas ('Acabou-se tudo (?) apenas sobrou"...).

– *Concordância Verbal:* uso inadequado do tempo verbal ("gostassem") e falta de concordância entre verbo e sujeito composto ("sobrou as cinzas, umas baratas"...).

– *Ortografia:* "convia" (convinha).

Realizadas as análises das produções dos alunos, pudemos constatar que, em geral, os alunos que concluem o 1º grau não conseguem elaborar convenientemente um texto narrativo porque:

– os alunos mantêm em seus textos a indefinição do tempo da história;

– dão saltos no tempo, criando lacunas narrativas;

– o espaço/ambiente nos textos dos alunos é limitado, pouco explorado, pois não há preocupação com o seu detalhamento. Em conseqüência, há pouca ou nenhuma mobilidade no texto, caracterizando-se por uma certa "estaticidade";

– os personagens são frágeis, mal introduzidos, pouco caracterizados, não constituem "persona";

– não há criação de conflito, de trama narrativa. Os textos são lineares, começam sempre do mesmo modo, são pouco interessantes à leitura;

– a maneira de organizar os textos (casual, seguindo o fluxo do pensamento, obedecendo à seqüência cronológica dos fatos...)

indica que os alunos desconhecem outras formas possíveis de organização, não demonstram saber que podem tentar fazê-lo diferentemente. Aos alunos não se ensinou, provavelmente, que, de acordo com suas intenções e propósitos, o autor pode ousar ao organizar o texto;

– os alunos não têm noção precisa de parágrafo. Limitam-se a mudar de vez em quando de linha (quando o fazem!) e a afastar-se da margem esquerda;

– remanescem problemas formais de toda ordem: concordância, regência, pontuação (especialmente a vírgula), acentuação gráfica, paragrafação, uso de pronome, uso e conjugação de verbos, ortografia, etc.;

– os alunos não têm formado o hábito de revisar e reescrever o seu texto, adequando, aos poucos, forma e conteúdo. Cumprem, apenas, a "obrigação" escolar: escrevem seguindo as instruções do professor. O texto produzido pelo aluno não se constitui numa atividade de linguagem real; antes, é apenas mostra de uma atividade escolar;

– os conteúdos veiculados pelos textos dos alunos revelam o pouco acesso à cultura e às informações, pelo uso abusivo de clichês, de expressões genéricas e imprecisas, pela reprodução de valores e estereótipos sociais. Raros são os textos que trazem a marca do seu autor.

Em geral, as constatações acima indicam uma *involução*, por assim dizer, do conhecimento que o aluno tem/adquire tanto sobre o texto narrativo, como sobre os recursos próprios à elaboração escrita de um texto.

Uma das causas prováveis que se pode apontar para tal fato é a pouca ou nenhuma *integração dos conteúdos/assuntos* ao longo das séries do curso. A escola não costuma pensar, via de regra, a despeito dos planejamentos de curso/série elaborados no início de cada ano, como os conteúdos deveriam evoluir, articular-se de uma série para a outra no decorrer do curso, qual a profundidade de tratamento, quando e por que introduzir noções e procedimentos.

Em geral, fica a critério de cada professor, ou de um pequeno grupo (de uma só série, por exemplo) decidir o quê, como e para quê trabalhar este ou aquele conteúdo, ou aspecto de conteúdo nesta ou naquela série.

Por outro lado, não poderíamos deixar de apontar, sob o risco de sermos levianos, um dado que nos parece de suma importância na busca de mudanças educacionais: em geral, os professores não estão preparados para esta tarefa. Falta-lhes, muitas vezes, formação adequada nos cursos de Letras e de Habilitação Específica para o Magistério para o exercício conseqüente de suas funções.

Há, portanto, pelo menos duas tarefas emergenciais a cumprir: formar melhor os docentes para assumirem a função do ensino e revitalizar a escola como instância de decisão conseqüente e responsável dos objetivos e conteúdos de ensino.

NOTAS

1. PACHECO, Antônio Carlos. *Medo do Escuro*. Ilustrações de Omar Grassetti, série Pique, 4ª ed. São Paulo, Ática, 1987.
2. BERLOFFA, Sheila. *Medo do Escuro*. Taboão da Serra, 1992. Trabalho apresentado em Língua Portuguesa, 1ª série do 1º grau da EEPSG "Profª Lúcia de Castro Bueno", D.E. de Taboão da Serra.
3. SILVA, Denise Carvalho de. *Meu sonho é com o polegar*. Taboão da Serra, 1992. Redação apresentada em Língua Portuguesa, 4ª série do 1º Grau da EEPSG "Profª Lúcia de Castro Bueno", D.E. de Taboão da Serra.
4. FURTADO, Sandra Raquel dos Santos. *O Palhacinho Cego*. Taboão da Serra, 1992. Redação apresentada em Língua Portuguesa, 6ª série do 1º grau da EEPSG "Profª Lúcia de Castro Bueno", D.E. de Taboão da Serra.
5. SOUZA, Maria Cristina X. *Apenas Cinzas*. Taboão da Serra, 1992. Redação apresentada em Língua Portuguesa, 8ª série do 1º grau da EEPSG "Profª Lúcia de Castro Bueno", D.E. de Taboão da Serra.

BIBLIOGRAFIA

FIORIN, José Luiz. *Elementos de análise do discurso*. São Paulo: Contexto/EDUSP, 1989.

FRANCHI, Eglê Pontes. *E as crianças eram difíceis... A redação na escola*. São Paulo: Martins Fontes, 1984.

GERALDI, João Wanderley. "Concepções de linguagem e ensino de português". *In: O ensino de língua portuguesa*. São Paulo: SE/CENP, 1985 (Língua Portuguesa, 1).

———— (Org.). *O texto na sala de aula:* leitura e produção. Cascavel: Assoeste, 1985.

KOCH, I.G.U., TRAVAGLIA, L.C. *Texto e coerência*. São Paulo: Cortez, 1989.

LEITE, Ligia Chiappini M. *O foco narrativo*. São Paulo: Ática, 1989.

MARTINEZ, Rosa Helena Blanco. "Três tipos de discurso". *In: Subsídios à proposta curricular de língua portuguesa para o 1º e 2º graus;* coletânea de textos. São Paulo: CENP/SE, 1988. 3v.

PALMA, Maria Luiza Canavarros. Produção de texto. *Leitura: Teoria e Prática,* Campinas, v. 3, n. 3, p. 3-6, jul. 1984.

PECORA, Alcir. *Problemas de redação*. São Paulo: Martins Fontes.

SÃO PAULO (Estado) Secretaria da Educação. Coordenadoria de Estudos e Normas Pedagógicas. *O texto: da teoria à prática: subsídios à proposta curricular para o ensino de língua portuguesa:* 1º grau. São Paulo: CENP/SE, 1990.

———— *Proposta curricular para o ensino de língua portuguesa: 1º grau*. São Paulo: CENP/SE, 1991.

———— *Proposta curricular para o ensino de português: 2º grau*. São Paulo: CENP/SE, 1991. 82 p.

VANOYE, Francis. *Usos da linguagem: problemas e técnicas na produção oral e escrita*. São Paulo: Martins Fontes, [1989].

VIEIRA, Yara F. Sobre. "Análise da Narrativa: versões orais de experiência pessoal". *In: Subsídios à proposta curricular de língua portuguesa para o 1º e 2º graus;* coletânea de textos. São Paulo: CENP/SE, 1988. 3v.

A ALFABETIZAÇÃO PROSSEGUE: UMA EXPERIÊNCIA COM A 5ª SÉRIE

*Harry Vieira Lopes**

As questões decorrentes do ensino e da aprendizagem da língua portuguesa, num período em que grandes transformações se anunciam e se propagam em virtude de novas conceituações teóricas e da angústia dos professores por estarem vivendo uma sensação de incapacidade frente aos novos tempos, recaem muitas vezes sobre a palavra alfabetização e seu significado, as teorias de aprendizagem e seu papel e a problemática do ensino da língua (traduzida por perguntas como "devo corrigir os aspectos ortográficos?", "não devo mais dar 'gramática'"?, e similares).

A maior parte dos trabalhos (quer os relativos à prática pedagógica na sala de aula, quer as investigações de âmbito mais teórico) tem incidido sobre as séries iniciais (veja-se Telma Weisz, Esther Grossi, Eglê Franchi, Ana Teberosky, por exemplo, entre tantos outros). Os aspectos teóricos dizem respeito à psicologia cognitiva e à lingüística, isto é, referem-se tanto ao caráter psicológico quanto ao lingüístico presentes no processo ensino-aprendizagem.

* *Membro da Equipe de Língua Portuguesa da CENP; pós-graduando na Faculdade de Educação – USP*

As experiências alternativas, nas séries intermediárias e finais, são mais escassas, e delas temos poucas notícias. Com bastante probabilidade, estão confinadas à solidão das salas de aula. Pensando em contribuir com meu trabalho, a essa ampla discussão que tem o escopo de reverter a situação da escola pública, é que resolvi intervir numa 5ª série, retomando a questão da alfabetização. Meu objetivo, portanto, é fazer um relato comentado, mostrando o que foi feito, tentando sugerir alguns caminhos para aqueles professores que estão à porta de suas próprias futuras inovações, indicando atalhos que apressem uma ação pedagógica e demonstrando a eficácia de algumas estratégias adotadas.

Esse trabalho teve seu início no ano de 1986, quando trabalhava numa das escolas públicas do Jardim Guarani, Vila Brasilândia (bairro de São Paulo) e era o professor de língua portuguesa em duas 5ª séries, constituídas por crianças de famílias com baixíssima renda e culturalmente defasadas. Como seria de se esperar, não demonstravam boa performance no que escreviam e, pelo que pude perceber (conversando com elas), liam muito pouco ou quase nada. Nesse período, de modo intuitivo (e porque eu mesmo tinha tido uma farta experiência como leitor, desde pequeno), passei a considerar que, sem que os alunos passassem a ler, de modo fluente, não adiantaria em nada trabalhar com os conteúdos previstos no planejamento (conteúdos "gramaticais") ou tentar fazer com que avançassem na escrita. De modo intuitivo, portanto, eu tinha chegado a essa conclusão: escrita e leitura estavam indissociavelmente ligados, sendo esta última, elemento crucial do aprendizado escolar. A experiência vivida naquele ano, exitosa, ensejou-me uma segunda, realizada no ano de 1991, numa escola também da rede pública, nas imediações da Estação Armênia do metrô de São Paulo.

Antes, porém, de passarmos a seu relato, é preciso que eu comente alguns pontos, precisamente aqueles que se relacionam com a noção de alfabetização. Creio que é preciso começar pela definição de nossa atuação. Quem sou, enquanto professor de língua portuguesa? O que devo ensinar aos meus alunos? Quais são as maneiras de ensinar os conteúdos que porventura escolha como os necessários? Para que fazer tudo isso?

A primeira das perguntas, muito provavelmente, só poderá ser respondida através das que se seguem. O professor de língua portuguesa será aquele que reúna condições para dirigir situações de ensino e aprendizagem da língua aos alunos, com objetivos precisos. Numa sociedade letrada como a nossa, é preciso que os alunos consigam inserção no mundo da escrita e que manifestem proficiência na interpretação e produção dessa escrita (em todos os seus usos). Isso os tornará mais aptos para sobreviver e mais conscientes dos processos que engendram essa mesma sociedade e os que são engendrados por ela, mais aptos, em suma, para revitalizarem a própria sociedade, segundo seus interesses e necessidades. O que não se pode conceber é que um professor de língua portuguesa desarticule essa língua do seu âmbito social e do compromisso para com aqueles que, em última análise, pagam pelo seu trabalho e nele depositam a esperança de um futuro melhor.

Pois bem. E para atingir tais objetivos maiores, *o que* e *como* devo ensinar?

Não posso afastar da escola a língua viva da sociedade, em primeiro lugar. Quero dizer que a escrita não é matéria escolar apenas. A escrita e a leitura fazem parte do cotidiano das pessoas, mesmo daquelas que não operam de modo direto nessas modalidades. E o que é preciso ter-se em mente, é que não se trata de ensinar conteúdos (no sentido de temas), mas de criar situações de aprendizagem de modos de operação, para se preencher esses "modos" com os recheios que quisermos, inserindo-lhes "temas". Em outras palavras: é preciso exatamente fazer com que o aluno possa ler/escrever e angariar recursos técnicos para esse ler/escrever; distinguir tipos discursivos (narrações, descrições, dissertações), estabelecer-lhes os elementos articuladores, reconhecer a função do que escreve e dar-lhe a direção necessária, adaptar-se às diversas situações em que deverá interpretar e produzir seus escritos. É preciso que tenhamos uma concepção de língua, que conheçamos seus melindres, suas manhas. É preciso saber fazer, enquanto professor, aquilo que se pede para que seja feito.

No entanto, não basta conhecer o objeto de trabalho, a língua. Posso ensinar os mesmos procedimentos para meus alunos, independentemente de suas experiências atuais, de sua idade ou de seu interesse?

É preciso, ainda, que conheçamos um pouco do processo mental dos sujeitos, para que não fiquemos rodando no vazio ou que criemos situações para o aprendizado de conhecimentos para os quais os sujeitos não tenham condições de assimilação. Nesse sentido, seja qual for, é preciso que recorramos a um modelo pedagógico, a uma teoria da aprendizagem, a uma descrição da psicologia referente ao aprendiz. É preciso que tenhamos referências, para mergulhar na prática e tentar tirar dela o máximo proveito.

No meu caso, meu embasamento inicial deu-se através do que se tem chamado de construtivismo-interacionista, segundo a linha defendida na Proposta Curricular para o Ensino da Língua Portuguesa – 1º Grau (Secretaria da Educação do Estado de São Paulo), corroborado pelo trabalho de Emília Ferreiro, por leituras de Vygotsky, Ausubel, Ana Teberosky e Frank Smith.

Não há grandes segredos ou elucubrações. Das teorias de aprendizagem, podemos depreender, atualmente, que o conhecimento não se dá pelo simples contato com a experiência e que é preciso adequá-lo às condições psicológicas (tratando-se da cognição) dos alunos. Análise sintática, por exemplo, exigindo níveis consideráveis de abstração, não pode ser objeto de estudo no ciclo básico ou nas séries iniciais (e sem considerar que, enquanto conhecimento, não encontramos justificativa para seu aprendizado na faixa etária dessas séries, uma vez que as estruturas sintáticas são interiorizadas inconscientemente e não através de sua descrição metalingüística). Também não posso trabalhar com um romance de Machado de Assis na 4ª série do 1º grau. Isso é fácil de perceber em exemplos radicais como esses. Mas requer mais atenção quando se trata, por exemplo, de discutir o ensino do "resumo". Um resumo, para ser realizado, exige, como condição, recursos técnicos específicos. Antes de mais nada, é preciso que saibamos operar com fluência razoável em escritos não resumidos. Só então é que podemos proceder a sua execução.

Usando o bom senso, podemos chegar à conclusão de que, às séries iniciais, será de muito maior proveito propiciar situações onde as crianças vejam, percebam, manipulem e comparem a língua em suas várias facetas, nos seus vários usos: a receita, a bula, a carta, o bilhete, a poesia, os textos jornalísticos, as narrativas ficcionais, as narrativas não-ficcionais e assim por diante. Evidentemente, o bom senso é a grande arma do professor, o que não descarta a necessidade de alguns estudos.

Quanto à lingüística contemporânea, duas grandes lições emergem para a pedagogia da língua: a noção de texto (que introduz situações o mais próximo possível das situações reais onde a língua se manifesta, dentro da sala de aula, ampliando extremamente o trabalho que era feito com as palavras isoladas e as frases) e a epilingüística (mais conhecida como atividades de operação e reflexão sobre o texto) que seleciona para trabalho escolar, a operação com os fatos da língua (comparando, classificando, simulando) e sua reflexão, em vez de começar pela sua descrição. Podemos nos perguntar, se tem valido a pena o exercício da análise sintática no 1º grau (e sem levar em conta a grande confusão que se tem feito com os critérios para seu estabelecimento), aos alunos da escola pública, a quem interessaria muito mais o desenvolvimento da leitura e da escrita propriamente ditas.

Foi de posse desse conhecimento básico que passei a projetar um trabalho em sala de aula, isto é, a desenvolver os rudimentos de uma didática, a inseri-los numa pedagogia para a escola pública atual e pensar nos recursos didáticos, em algumas estratégias. Numa metodologia, em suma. E neste caso, numa metodologia que ainda se alicerçasse nas questões da alfabetização, vista aqui no seu sentido maior, não apenas como dotação de um sistema de escrita, mas como performance lingüística no maior número possível de situações do mundo atual e do que está por chegar (logo os computadores estarão disseminados pela sociedade, em escala maior – mesmo no terceiro mundo – como estão atualmente as televisões).

Como se pode depreender, as situações do aprendizado da língua, nesta configuração, alteram em muito as características da sala de aula e da escola. É a linguagem, enquanto componente social, enquanto ferramenta imprescindível na nossa sociedade, que se instaura no âmbito da escola, revitalizando os parâmetros desta, dotando-a de capacidade de atuação e transformação, muito mais pela transmissão de técnicas operatórias (embora estritamente ligadas aos significados e sentidos) do que por conteúdos ideológicos cristalizados.

Voltando ao ano de 1986, à Vila Brasilândia, e à noção intuitiva de que a leitura e escrita eram as duas faces de uma mesma moeda, posso dizer que o trabalho, ainda incipiente, é verdade, tinha logrado atingir seu objetivo. A grande maioria dos alunos descobriu a leitura e baseados no modelo dado (narrativa ficcional), desenvolveram uma escrita mais significativa. Como a experiência daquele ano subsume-se na experiência posterior (realizada em 1991), passarei a falar, a partir de agora, apenas desta.

Nesta perspectiva, tomei a resolução de trabalhar a leitura e a escrita, numa 5ª série, com objetivos bem delineados. Meu propósito era o de ajudar os alunos a lerem, num primeiro momento (para que interiorizassem modelos), de modo a que pudessem escrever mais desembaraçadamente. Que tipos de textos? Escolhi a narrativa ficcional e é preciso ficar bem claro que esta escolha se deu por motivos pessoais, por preferência por um gênero, apesar de que é fácil supor que a narrativa ficcional (articulando-se seqüencialmente no tempo, em vez de articular-se logicamente como no texto dissertativo), é mais "concreta" para as crianças e os adolescentes da 5ª série. Que "conteúdos" trabalharia, então, na narrativa? Priorizei alguns: o parágrafo, o uso do travessão nos turnos do diálogo (discurso direto), as citações (discurso indireto), o ponto de vista (deslocando a narração da 1ª pessoa para a 3ª e vice-versa), a caracterização do ambiente e da época (no sentido descritivo mesmo), o conflito, a trama. A intenção era desbloquear a escrita, dotar os alunos de recursos lingüísticos através de modelos e da reflexão sobre textos lidos, através da narrativa ficcional, para que se pudesse trabalhar, na série seguinte, outros textos e outros usos da escrita.

Em primeiro lugar, foi preciso substituir a velha didática da leitura: mensal ou bimestral, de "clássicos", "avaliadas" pelo professor através da entrega de resumos, fichas ou mesmo provas contendo perguntas sobre a sua compreensão e/ou interpretação. Optei por uma descontração radical. Considerando que a 5ª série era bastante heterogênea (apesar de a classe funcionar no período da manhã, as idades dos alunos variavam entre dez e dezessete anos, com uma média que se situava entre os doze; a situação sócio-econômica ia de uma pequena classe média – três ou quatro alunos – até pobreza – quatro ou cinco alunos que moravam em cômodos com os pais) levei para a classe cerca de 50 livros, bastante desiguais no tratamento (livros sem texto, com ilustrações apenas; livros com pouco texto e fartamente ilustrados; livros que equilibravam texto e ilustração; livros com predominância de texto sobre ilustrações e livros só com texto, sem ilustrações), mas todos relacionados à narrativa ficcional. Consegui esses livros com as equipes do Ciclo Básico e da CENP (Coordenadoria de Estudos e Normas Pedagógicas da Secretaria da Educação do Estado de São Paulo). Durante o ano fui fazendo algumas substituições, tendo chegado a aproximadamente trezentos títulos.

Essa estratégia visava levá-los a ter um contato inicial com os livros, perceber-lhes os conteúdos, conhecê-los na sua diversidade, folheá-los, sem pressão ou coação, enquanto eu fazia pequenos comentários introdutórios, discutindo a forma de manuseio, lendo um ou outro e solicitando para que alguns, os mais afoitos, contassem as histórias lidas aos demais.

Nesse meio tempo, podiam levar os livros para casa (não raro, outros membros da família aproveitavam para folheá-los, e, segundo o relato das próprias crianças, a lê-los). Em sala de aula discutíamos as leituras, elaborávamos "estatísticas" (do mais lido, do que tinham gostado mais) e alternávamos com produção textual. Aqui se faz necessário um comentário extra: no início do ano letivo eu tinha realizado um levantamento do nível de leitura e produção textual, a partir da aplicação de uma prova. Essa prova consistiu na leitura de um texto narrativo (ficcional), de algumas questões que abordavam elementos de compreensão e interpretação do texto lido e a escrita de um novo texto, baseado no lido, com algumas modificações solicitadas.

O primeiro aspecto que abordei para discutir durante nossos momentos de produção textual foi o parágrafo (entendido como segmentação do texto relacionado ao sentido), seguido da substituição dos pronomes pessoais enquanto elementos de coesão (utilização excessiva de "ele" e "ela") e mesmo sua eliminação, que eram os dois elementos da organização do texto que eu tinha priorizado como atividade e reflexão, após o levantamento das dificuldades reveladas na prova inicial. Nesse início trabalhamos com a história clássica de Chapeuzinho Vermelho, uma vez que todos os alunos conheciam sua estrutura narrativa, o que facilitaria a questão da organização textual, em que deveriam centrar a atenção. Não se tratava de apenas "recontar" a história, mas de operar na sua organização escrita.

O entusiasmo atingiu a maioria dos alunos, tanto nas horas de leitura ou atividades decorrentes dela como nas horas de produção. Desse modo, passamos três meses, aproximadamente, dedicando três a quatro horas de aula à leitura e o restante do tempo à produção de textos. Sem nota, sem resumo, sem ficha, sem cobrança injustificada.

Dessa forma, fomos alternando a leitura (assistemática) dos vários livros e trabalhando com algumas outras questões de construção e organização textual: substituição lexical, eliminação de palavras desnecessárias, uso do travessão no turno do diálogo, reorganização de frases no texto, tendo em vista o sentido que se queria dar (perspectiva), etc.

Eventualmente, trabalhei com outros tipos de textos (opinativo e carta), sem, contudo, consagrar-lhes aprofundamento. Nesses três meses, pude perceber que a leitura era bastante problemática, a produção textual (embora calcada em conteúdos de leituras e histórias populares) apresentava-se bastante empobrecida, havendo um caso em que determinado aluno apresentou uma produção completamente caótica (esse aluno tinha vindo recentemente do interior do estado da Bahia), de que transcrevo um trecho:

> Era um vez umo homem e o pássaro.
> andava os dois juntos muito tempo formo para
> a praria lá andava muito contente e feliz
> mais muito tempo andava fazendo negoiço
> os dois juntos comprava muita coisas para casa
> que coisas mais engraçada A história
> todo mundo gostava do homem e o pássaro.
> que era muito contente fendia muita coisas
> todos mundo falas dessehomem o e pássaro
> muito tempo ele forom para o rio de Janeiro
> passaro muito tempo fazendo negocios
> fendendo frutas e e so andava junto você ja
> oviu da história do homem e o pássaro"...

Como podemos perceber, insinua-se, muito precariamente, uma narrativa por sob a caótica organização textual; o aluno em questão desconhecia (naquele momento) elementos mínimos das questões de construção e das convenções utilizadas pela modalidade escrita, o que desfigurava bastante o texto e impossibilitava sua recuperação por um leitor virtual.

No segundo semestre, passei a desenvolver um trabalho sistemático, através do livro "Para Gostar de Ler – Contos", adquirido por todos os alunos. Não adotei, deliberadamente, um livro didático, tendo elaborado todo o material que utilizamos, com exceção, como se pode perceber, dos livros de literatura infanto-juvenil.

Durante o segundo semestre, a classe leu todos os contos do volume citado, numa média de um conto por semana. De uma forma geral, adotei a seguinte estratégia:

1. Num primeiro momento, os alunos liam silenciosamente, sem nenhuma interferência minha. Antes que iniciassem a leitura do conto, líamos a biografia do respectivo autor e discutíamos suas declarações (em forma de entrevista), o que despertava bastante interesse.

2. Após a leitura silenciosa (que me possibilitava observar a "velocidade" da leitura de cada um), invariavelmente, eu fazia uma pergunta a todos: "Quem gostou desse conto?" e, nesse momento, também, eu podia observar e quantificar a receptividade causada pela leitura. Geralmente, com exceção do mês de novembro em diante (quando passaram a revelar uma leitura mais rápida e significativa), poucos opinavam favoravelmente. A partir de "Quem gostou desse conto?", eu fazia novas perguntas, a respeito da dificuldade ou não de entendê-lo, dos possíveis motivos que o tornavam mais fácil ou mais difícil, das dificuldades ligadas à decodificação, enfim. Então eu pedia silêncio e me propunha a ler o conto em questão. Solicitava, nesse momento, que acompanhassem minha leitura com os olhos percorrendo o texto, juntos comigo, isto é, seguindo a mesma "velocidade". Nessas leituras, eu procurava desenvolver bastante expressividade, chegando, sem exagerar, a uma leitura "dramatizada" (alterações bastante significativas nas falas dos personagens, diferenciando-as do discurso do narrador). Voltava então a perguntar: "E agora? Quem gostou do texto?" e o número dos que tinham gostado aumentava consideravelmente, tendo havido vezes em que toda a classe se manifestava de modo positivo, isto é, tendo "gostado".

3. A terceira fase era mais flexível. Algumas vezes eu solicitava a leitura dos alunos (procurando incentivá-los e levando-os aos desbloqueios, à perda da timidez excessiva) e essa leitura também seguia solicitações diferenciadas (às vezes um mesmo aluno lia todo o texto, em outras alternavam-se vários, distribuindo "pa-

péis" – narrador, personagens). Em algumas leituras eu solicitava a "atenção" para determinadas pausas, ritmos, entonações, que se podiam extrair dos sinais gráficos (pontos finais, reticências, vírgulas, ponto-e-vírgula) e discutíamos essas convenções.

4. Numa quarta fase (mas não necessariamente, para que não ficassem cansados com a rotina), os alunos passavam a produzir textos, baseados nos contos, tendo total liberdade para simplesmente recontá-los através de paráfrases ou de modificá-los segundo o interesse pessoal. Via de regra, eles optavam pela modificação. Neste estágio passei a trabalhar com elementos estruturais e organizacionais: mudança do ponto de vista (da 1ª para a 3ª pessoa e vice-versa), caracterização dos personagens, do ambiente e da época, temas desenvolvidos, organização em capítulos.

Posso dizer que passamos lendo e escrevendo o ano todo, principalmente lendo. Em relação à escrita, fizemos, coletivamente, reorganizações de alguns de seus textos (com exceção de uma aluna, todos os demais autorizaram essas reorganizações); em outras ocasiões eu selecionava algum aspecto que estava sendo debatido e extraía, de vários textos, trechos inadequados, para que, em grupo de quatro, fizessem as devidas correções. Quando havia necessidade, discutíamos com toda a classe as questões que se colocavam.

O processo foi lento, gradual, as interiorizações, na maior parte das vezes inconscientes, dos mecanismos de construção de frases, de períodos, de assimilação dos sinais gráficos convencionais só começaram a manifestar-se no segundo semestre, e com intensidade diferente para cada aluno. Apenas quatro meses depois de um constante contato com os textos (suas vivências) é que os jovens passaram a dar-se conta de algumas convenções da língua escrita. A partir desse momento é que eles começaram a perguntar coisas como: "É assim que eu escrevo essa palavra?", "Quando o personagem está falando eu não posso mudar de parágrafo?" "Aqui não é melhor fazer outro parágrafo?" e assim por diante. Percebi então que, até aquela época, grande parte dos alunos ainda não tinha reconhecido o aspecto de mão-dupla na questão da leitura e da escrita, isto é, ainda não tinham se dado conta de que poderiam ler (ou dar a ler) o que escreviam. Boa parte deles, também, não se preocupava com a ortografização de seus escritos, muito provavelmente porque não tinham percebido (através desse movimento de mão-dupla) a possibilidade de sua leitura por outros e da convencionalidade exigida para tal.

No mês de dezembro, propus à classe a elaboração de um livro, cujo nome e forma discutimos. Optaram pelo título "Nosso primeiro livro" e pela inserção de "entrevistas" com cada "autor" precedendo cada "conto", como as que "Para Gostar de Ler" tinha mostrado. Em festa solene, com a presença dos professores da escola, de alguns pais, da diretora e demais funcionários, foi entregue um exemplar a cada um. Para a feitura do livro, recorri, na última hora, a algumas estratégias finais para que eles pudessem confrontar seus manuscritos com a impressão (realizada por impressora acoplada a computador), ainda com chances para efetuar modificações. Solicitei, para essa publicação, que procurassem escrever um conto "pessoal", baseado em experiências reais ou imaginadas. Apenas um reduzido grupo não conseguiu produzir uma história plenamente inventada e tiveram que procurar recursos em paráfrases de histórias lidas ou conhecidas.

Talvez cause alguma estranheza o fato de eu não ter comentado nada a respeito da ortografia, das suas questões. Bem, isso se deve ao fato de que eu sabia, de antemão, que uma vez incorporada a leitura, a forma gráfica das palavras iria sendo retida gradualmente na memória, como de fato ocorreu. Em estatística final, pude comprovar um decréscimo geral, num determinado número de linhas examinadas, por redação, de inadequações ortográficas: de 83,3% para 62,5%. Por outro lado, a pontuação deixou de ser aleatória (o número de vezes em que erravam os sinais de pontuação era bastante grande no início do processo) para evidenciar uma boa margem de adequação quando utilizada, além do implemento de novos sinais nas produções finais.

Concluindo, posso afirmar que não sofri grandes frustrações

e que, ao final de um ano de trabalho, na maior parte das vezes bastante agradável (parece-me que para os alunos também), atingi os objetivos a que tinha me proposto. Todos os alunos passaram a ter da leitura (pelo menos no que concerne à narrativa ficcional), uma visão mais agradável, interiorizaram modelos e passaram a criar histórias manipulando-as de "dentro", isto é, através de recursos lingüísticos específicos. Revelaram nas suas produções finais – resguardando as diferenças individuais –, um avanço significativo.

Como paradigma dessa situação, reveja o texto transcrito de aluno (o mais "problemático" da classe), nas páginas anteriores, e o confronto com sua produção final (fielmente transcrito). Não é nenhuma obra de arte. Mas é a conquista de alguns elementos que configuram o texto escrito e dão ao sujeito a crença na sua própria capacidade, que devolvem ao que aprende a esperança de ir em frente.

A HISTÓRIA DE UM MENINO.

Era uma vez um menino muito inteligente que estudava na 5ª série. Mas um dia o professor mandou escrever uma carta, para uma escola. Ele escreveu para uma menina que chamava Regina.

Regina ficou muito contente de ter recebido a carta, interessante. Ele mandou dizer que tinha 18 anos, era moreno, tinha cabelo preto, saia no final de semana, para divertir bastante.

A menina respondeu a carta, do menino que estava muito bonita.

"caro amigo José, vou dizer a minha idade é 16 anos, sou loura, tenho cabelo escorrido, não tenho namorado, quero conhecer um menino, como você"

José mandou convidar, para ir no final do ano, na fazenda do pai dele, no interior de São Paulo. Quando chegou no final do ano, Regina veio para conhecer a fazenda do pai de José.

Foro para o interior, de São Paulo. Lá Regina conheceu a fazenda de José.

José ficou muito interessado por Regina.

Falou para ela que ele a chou ela muito bonita, e queria namora com você. José começou a paquerar com Regina, foi numa noite de natal que era o aniversário de José. Ficou namorando com Regina muito tempo. José falou:

– eu quero cazar com você.

José falou com o pai de Regina que queria cazar com ela. Convimou que sim.

Regina queria muito, foi marcado para o dia 15 de Janeiro de 1989.

José cazou com Regina e foi morar na fazenda do pai dele, no interior de São Paulo.

Há muita coisa que poderia ser dita e comentada. A avaliação, por exemplo. No meu caso, optei por revelar à classe, desde o primeiro dia de aula, que não haveria reprova, e que os conceitos bimestrais seriam discutidos por todos. A avaliação, neste caso, tinha como objetivos, dois pontos: eles estão aprendendo?, a metodologia está adequada ao ensino-aprendizagem de determinado conteúdo? E os comentários não parariam por aqui. Foi um ano de experiência. Foi um ano de descobertas e constatação de que, em algumas questões, o que eu tinha premeditado estava correto.

Os senões, também os houve. De sorte que eu posso agora dizer: da próxima vez ainda estarei mais perto daquele ponto que todos nós, enquanto profissionais, perseguimos. E espero que este relato possa contribuir com todos aqueles que estão se avizinhando de um trabalho repensado, para os quais esteja faltando apenas o estímulo de perceber que somos mais parecidos do que o supomos e que, em última análise, somos nós, na sala de aula, aqueles que precisam ter algumas certezas.

OS DIREITOS HUMANOS E O ENSINO DA LÍNGUA

Harry Vieira Lopes

A despeito do fato de que não se chegou ainda a um consenso sobre a questão pensamento/linguagem (são a mesma coisa?; são coisas distintas?), já podemos constatar a articulação desses atributos da pessoa humana, pensar/representar, e da inquestionável posição de que é preciso desenvolver a linguagem para que o pensamento possa encontrar aí sua exteriorização e expressão social. Nas línguas naturais, essa exteriorização e expressão, enquanto ação do homem sobre o mundo, encontram seu refinamento máximo.

O exemplo clássico da epistemologia piagetiana, através da experiência realizada com crianças, sugere o valor que podemos atribuir à linguagem. Nessa experiência, flores (entre rosas e margaridas), são mostradas às crianças. Daí lhes é perguntado se existem mais rosas ou margaridas. Elas sabem responder. Quando lhes perguntam se existem mais rosas ou flores, elas não sabem responder ou se confundem. O exemplo mostra que a linguagem (elas já conhecem as palavras utilizadas no diálogo da experiência) não é responsável pela estrutura mental com que as crianças devem operar para conhecer. Em outras palavras, conhecer as palavras *flores*, *rosas*, *margaridas*, *mais* e *ter* não garante operacionalidade mental. No entanto, é com essa mesma linguagem que mais tarde as estruturas cognitivas internas encontrarão expressão externa, representável e comunicável, o que nos leva a concluir que a linguagem é instrumento humano e social de extrema importância. As palavras precisam existir, são necessidades coletivas que as engendram. Quando as crianças passarem a reconhecer, em virtude de reorganizações estruturais internas, relações entre todo e parte, irão se valer daquelas palavras que já se encontravam presentes no seu vocabulário, mas que ainda não tinham atingido a possibilidade de serem organizadas num novo patamar de compreensão, num novo feixe de relações.

Por sua vez, esse instrumento humano e social depende, na sua infinita reconstrução e mudança, das colaborações criativas, do acréscimo, por assim dizer, da contribuição individual e das mudanças coletivas que procuram resolver questões historicamente emergentes. A individualidade criativa marcou Einstein, Gandhi e Machado de Assis, que, em cima do material coletivo herdado, construíram inovações conceituais teórico-científicas, morais e estéticas, de irrefutável relevância para o conhecimento humano. Do ponto de vista coletivo, a inventividade permitida pela linguagem aparece em determinados segmentos das sociedades. Dessa forma, valendo-se do patrimônio cultural existente, as mulheres há não muito tempo atrás, e para se ter um exemplo, procuraram romper a prisão de suas estratificações históricas e iniciaram a organização da luta em prol de seus direitos, da reconstrução de sua existência. Nosso século vê, num cenário muitas vezes conturbado, um nascer de consciências que exigem direitos e conquistas, e que, uma vez efetivados e garantidos, tomam a feição de *códigos lingüísticos* (as leis e os dispositivos que regulamentam as leis), através da sagração pela *palavra inscrita*. São pessoas, grupos de pessoas, grupos étnicos, grupos religiosos, políticos, nações inteiras (muitas delas submetidas ao jogo brutal da economia internacional) que percebem, pensam, formulam as bases de suas reivindicações e lutas. Identificando-se com o planeta, as pessoas estendem a questão dos direitos à Terra, procurando salvaguardar a vida. Os movimentos ecológicos nascem das necessidades coletivas, ainda que restritos à consciência de grupos, assentados sobre a preservação do ambiente. A garantia da vida, da liberdade (enquanto direito à existência), da saúde, do trabalho, da educação, já são hoje, se não fatos concretos, pelo menos discursos que se encaminham politicamente. Na disseminação desse discurso, enquanto *prática social*, a *escrita* aparece em lugar de destaque. Não poderia se dar de outro modo numa *sociedade letrada*.

Como pensar os direitos humanos e o ensino da língua materna no Brasil, tendo em vista esse panorama mais geral?

Apesar do sonho de elevarmos o Brasil à categoria de país do Primeiro Mundo, a realidade se interpõe entre os anseios das pessoas e sua realização. Marilena Chauí nos aponta, para além do plano político e econômico, nas relações humanas e sociais, uma defasagem ético-cultural que remonta ao tempo da formação das condições materiais da vida nacional. Ela nos fala do *senhor-cidadão*, e *através dessa palavra*, remete-nos à divisão explorador-explorado, traduzida por certas fórmulas lingüísticas tais como "Com quem você pensa que está falando?", disseminadas pela nação, que revelam despotismo e presunção por parte de seus falantes, características de uma sociedade autoritária.

> É uma sociedade na qual as diferenças e assimetrias sociais e pessoais são imediatamente transformadas em desigualdades, e estas, em relação de hierarquia, mando e obediência (situação que vai da família ao Estado, atravessa as instituições públicas e privadas, permeia a cultura e as relações interpessoais). Os indivíduos se distribuem imediatamente em superiores e inferiores. Ainda que alguém superior numa relação possa tornar-se inferior em outra, dependendo dos códigos de hierarquização que regem as relações sociais e pessoais. Todas as relações tomam a forma da dependência, da tutela, da concessão, da autoridade e do favor, fazendo da violência simbólica a regra da vida social e cultural.[1]

Ai dos mais humildes, dos menos prepotentes, das mulheres mais indefesas, dos negros, índios, homossexuais, dos idosos desamparados e das crianças abandonadas! Daqueles todos que, por uma não explicitação da realidade a ser dada em grande parte pelo cultivo da linguagem (neste caso, de *re-categorizações* do mundo e da sociedade, através da língua), são vítimas, nos extratos mais baixos, da sórdida exploração enquanto mão-de-obra barata, relegados ao esquecimento e depauperação, condenados à não-existência (enquanto categoria política), e à subvida, quando não aos tácitos extermínios. E, pior, mesmo entre os mais explorados e mais desafortunados, essa relação de mais forte/mais fraco estabelece uma moral de barbárie, de desunião entre membros de um mesmo contexto...

O ensino da língua, nessa configuração, não pode bastar enquanto apenas codificação e decodificação de um sistema de escrita, de modo banal e mecânico. O ensino da língua tem que estar ligado à recuperação de sua função social, nas suas instâncias de sentido e significação, no desvelamento da realidade e na possibilidade de sua reconstrução. Aquele que ensina a língua tem que ter em mente essa relação de autoritarismo que perpassa as relações humanas e sociais e atinge, como não poderia deixar de ser, principalmente a escola. Principalmente porque a escola é a agência, por excelência, da linguagem e do conhecimento. Na prática do ensino-aprendizagem da língua, é preciso questionar a relação que se estabelece entre professor/aluno e aluno/aluno, como base das condições de trabalho. É preciso vitalizar a língua na escola como elemento imprescindível da formação de uma cidadania onde não haja lugar para o senhor-cidadão, aquele que vocifera "Sabe com quem está falando?". Essa vitalização da língua como posse comum, deve independer de regimes políticos e sistemas econômicos. Não é por acaso que lingüistas, pedagogos, psicólogos, educadores em geral, a seu modo e no âmbito da sua competência, fazem com que revejamos práticas de ensino e ações educativas que operam na contramão dos interesses e processos mentais dos aprendizes.

O processo de marginalização daqueles que procuram as escolas públicas (pensando-se aqui no caso do ensino da língua, mas sem excluir qualquer outra área), passa por um sem-número de situações: vai do desprestígio com que o modo de falar desses alunos é encarado (apesar da contribuição teórico-científica sobre as variações da língua no país), levando-os à vergonha, bloqueio e perda de voz (simbolicamente considerando), até à ausência de uma capacitação profissional daqueles que vão ser responsáveis, nas salas de aula, pelo processo ensino-aprendizagem, em virtude de décadas de desprestígio para com a educação pública. Nesse sentido, há um grande número de fatores que precisam ser equacionados. Trata-se da recuperação da escola pública e da linguagem constituída no seu bojo. Trata-se de recuperar a leitura e a escrita em escala nacional, num país em que se lê e se escreve cada vez menos. Recuperar (talvez instaurar) a língua necessária para a dinamização da cultura (no sentido antropológico), argamassa da cidadania e da prosperidade. Sem o que jamais poderemos aspirar a pertencer ao Primeiro Mundo.

Numa perspectiva mais abrangente, diretamente relacionada ao ensino da língua no Brasil, deparamo-nos com a literatura. Quando dizemos mais abrangente, não estamos despindo a literatura da possibilidade de seu engajamento nas causas sociais, de que temos inúmeros exemplos. Mas é que a literatura vai mais longe e se insere no âmago do humano: ela instaura a humanidade.

> Os valores que a sociedade preconiza, ou os que considera prejudiciais, estão presentes nas diversas manifestações da ficção, da poesia e da ação dramática. A literatura confirma e nega, propõe e denuncia, apóia e combate, fornecendo a possibilidade de vivermos dialeticamente os problemas. Por isso é indispensável tanto a literatura sancionada quanto a literatura proscrita: a que os poderes sugerem e que nasce dos movimentos de negação do estado de coisas predominante... A função da literatura está ligada à complexidade da sua

> natureza, que explica inclusive o papel contraditório mas humanizador...[2]

Não tivesse essa duplicidade de caráter, e a literatura seria provavelmente, enquanto uma forma de organização do pensamento, catequética, canônica, regular, servindo apenas como veículo de comunicação e imposição dos interesses de grupos localizados em camadas sócio-econômicas e/ou sócio-culturais, impossibilitando mudanças. Na humanização que realiza, portanto, reside o fato que a associa aos direitos fundamentais do homem. O homem, pelas suas características essenciais, revê e prevê; suas possibilidades residem no futuro, num outro tempo, numa criação de espaços simbólicos (que se pretendem concretizados), na projeção e invenção de mundos possíveis. A literatura é o espaço dessa projeção, desse mergulho. Todos devem ter o direito a esse acesso. Diga-se de passagem que o cultivo da literatura não precisa estar praticamente confinado ao 2º grau, mas que deve estar presente já no primeiro dia de aula da vida de uma criança, guardando-se as devidas proporções.

Na intersecção desses dois fatos, o ensino da língua e a questão dos direitos humanos (em nosso país, inevitavelmente coesos) emerge a situação educativa nos parâmetros epistemológico-metodológicos. Como ensinar/aprender esse conluio? Como avaliar esse processo?

> No processo de educação para os Direitos Humanos, distinguimos três fases:
> 1. sensibilização;
> 2. percepção;
> 3. reflexão.[3]

A caminhada sugerida por Alfredo Bosi pode ser discutida, mas encontra-se aí, com bastante força, a sugestão básica. Os direitos humanos fazem parte de uma educação que visa construir, passo a passo, noções que vão se incorporando à vida subjetiva e intersubjetiva das pessoas. Seria inconcebível a inculcação, o condicionamento, o ensino mecânico de fórmulas morais. Piaget já nos advertia de que o conhecimento moral não difere, em sua construção, de outros conhecimentos. Tem, para sua construção, os mesmos símbolos e as mesmas redes de relações. O construtivismo ainda parece a linha norteadora mais ajustada. Nesse tocante, nunca pareceu mais oportuno.

Nessa mesma linha de raciocínio, com base nessa mesma discussão, podemos considerar que a questão da avaliação, nas escolas públicas, precisa ser pensada a partir da reconsideração da relação professor/aluno, dos objetivos a que nos propomos enquanto educadores e autoridades sobre uma área do conhecimento e dos objetivos que traçamos para os sujeitos da aprendizagem. Uma avaliação que apenas mede quantidades (devolução de conhecimentos outorgados pelo professor) não está levando em conta o processo de aquisição do conhecimento pelo aluno nem a eficácia de metodologias empregadas por aquele que ensina. Como se depreende, do planejar ao avaliar o trabalho com a língua nas escolas, somos atravessados pela questão dos Direitos.

Resta perguntar, enquanto assunção pedagógica, o que nós, os professores, esperamos daquelas situações que criamos para propiciar aprendizado aos sujeitos. Mais ainda quando pretendemos trabalhar a língua (que, como vimos, encontra-se intimamente relacionada à questão dos Direitos Humanos) e a incluir nesse trabalho a explicitação dos valores e das questões que pontificam a nossa convivência. Considerando-se que temos hoje nos voltado para a democratização da escola, para a formação da cidadania, direito de todos, podemos supor que esperamos criar bases para a construção de um mundo onde poderemos nos situar com plenitude.

REFERÊNCIAS BIBLIOGRÁFICAS

1. CHAUÍ, Marilena. "Medo". *In Direitos Humanos e*. São Paulo, Ed. Brasiliense, 1989.
2. CÂNDIDO, Antonio. "Literatura". *In Direitos Humanos e*. Ed. Brasiliense, 1989.
3. BOSI, Alfredo. *Educar para os Direitos Humanos*. Resumo efetuado pela Comissão Justiça e Paz de São Paulo, sobre aula dada no 1º Curso de Formação de Monitores em Educação para os Direitos Humanos (agosto/outubro de 1988), sem revisão do autor.

REFLEXÕES SOBRE O ENSINO/APRENDIZAGEM DE GRAMÁTICA*

*Zuleika de Felice Murrie***

"... A gramática é um assunto que parece ter pouca utilidade prática. Ao contrário de outras matérias escolares, não ensina novas habilidades à criança, pois esta já conjuga e declina antes de entrar na escola. Já se chegou até mesmo a dizer que o ensino da gramática na escola poderia ser abolido. Podemos replicar que a nossa análise mostrou claramente que o estudo da gramática é de grande importância para o desenvolvimento mental da criança... Ela pode não adquirir novas formas gramaticais ou sintáticas na escola, mas graças ao aprendizado da gramática e da escrita, realmente torna-se consciente do que está fazendo e aprende a usar suas habilidades conscientemente..."

VIGOTSKY, L.S. *Pensamento e Linguagem.* Martins Fontes, 1989.

* *Texto elaborado como trabalho final, no curso de pós-graduação da FEUSP, 1º semestre de 1991.*

** *Membro da Equipe Técnica de língua portuguesa da CENP/SE e pós-graduanda da FEUSP. Publicações em co-autoria:* Proposta Curricular para o Ensino de Língua Portuguesa – 1º grau. *São Paulo, CENP/SE, 1991, 4ª edição.* Proposta Curricular para o Ensino de Português – 2º grau. *São Paulo, CENP/SE, 1991, versão preliminar.* O texto: da teoria à prática. *São Paulo, CENP/SE, 1991.*

INTRODUÇÃO

Ao se considerar o conceito de gramática, como um conjunto de regras significativas de uma língua, conhecido e dominado pelos falantes nativos em uma comunidade, elaborado e aceito socialmente como o próprio à comunicação, através da linguagem verbal, formula-se a seguinte questão: que gramática ensinar àqueles que já a conhecem?

As crianças conseguem derivar oralmente regularidades presentes no sistema gramatical, sem nunca terem sido expostas a elas. É o caso de emissões do tipo: "eu ponhei", "eu fazi" onde o paradigma dos verbos regulares se sobrepõe aos irregulares, mesmo sem que tal emissão tivesse sido falada pelos adultos com quem convivem.

O conhecimento da gramática de uma língua faz parte integrante do conhecimento lingüístico do usuário. O falante é capaz de operacionalizar as regras, sem nem mesmo conhecê-las, denominá-las ou pensar sobre elas (por exemplo, a emissão "por favor feche a porta" jamais será falada pelo nativo da seguinte forma "favor por porta a feche").

O ensino de gramática, sob este ponto de vista, deixa de ser apenas um conjunto de regras prescritivas ou normativas, para transformar-se em uma *explicitação das regras de uso da língua*, em situações significativas.

O sistema lingüístico que identifica as especificidades de cada língua (português, francês, inglês, etc.) está sujeito a variações determinadas, no tempo e espaço, e necessárias para que a língua permaneça viva. "Desse modo, no sistema, destacam-se dois aspectos: a) um conjunto de imposições, definidor da parte normativa, explicita a permanência, que manifesta a estabilidade do sistema lingüístico; b) um conjunto de liberdades, indicador da parte consultiva, se reporta à inovação, desde que não sejam afetadas as condições funcionais do sistema... Esse equilíbrio permite que uma dada língua mude e continue a ser a mesma; nesse sentido, todas as línguas, porque funcionam, necessariamente mudam" (1). Tais variações lingüísticas próprias de cada segmento social estão sujeitas, também, a regras de acordo com a norma escolhida pelos usuários da língua.

A gramática entendida como uma construção interativa em processo, através do tempo e espaço, introduz no conceito um aspecto histórico e dialético e sugere algumas reflexões: qual a gramática ensinada pela escola? Por que ensinar gramática? Que gramática deve o aluno dominar? A definição dos conteúdos gramaticais, a serem ministrados, bem como a concepção de gramática a ser priorizada pressupõem uma análise exaustiva de determinados aspectos lingüísticos e um conhecimento dos princípios que regeram o ensino de gramática.

CONSIDERAÇÕES NECESSÁRIAS

Procedendo-se a uma análise das manifestações lingüísticas, notam-se variáveis, entre elas, duas modalidades predominantes: a oral e a escrita. No entanto, será que essas duas formas comunicativas se identificam com a mesma gramática?

Refletir sobre as diferenças e semelhanças entre as atualizações dessas manifestações humanas, possibilita inúmeras vantagens para compreender a "variedade" desses conjuntos de regras.

A toda linguagem escrita precede uma correspondência oral de manifestação (2); assim, estabelecer os aspectos do oral e do escrito amplia a conceituação tida de gramática. Por exemplo, uma gramática do oral é determinada por variáveis intrínsecas à manifestação oral como: realização contextualizada, interlocutor presente, continuidade discursiva, presença de elementos supra-segmentais (gestos, expressões faciais, entoação...), formas de atualização... (2). Se alguém sugerir o fechamento de uma porta, por causa de uma corrente de ar, o outro responderá: "Concordo, está fazendo frio, né!?" E levantando-se, fechará a porta. A emissão

"Concordo, está fazendo frio, né!?", pressupõe relações encontradas no pensamento dos interlocutores e na ação contextualizadora em que se situam os falantes a fim de resolver o "problema". Pode-se concluir que, neste caso, a emissão obedeceu a uma gramática conhecida pelos interlocutores e que foi produzida dentro de um contexto oral definido.

Na linguagem escrita, há divergências como: não domínio espaço-temporal, interlocutor ausente, distanciamento da situação real, caráter permanente, ação premeditada e analítica, desligamento sensorial,... Como no exemplo, utilizado para a linguagem oral (que foi escrito), há necessidade do uso de uma gramática mais elaborada, intencional, consciente, específica que supra as diferenças apontadas, na escrita, em relação ao oral. Para tanto a escrita cria um conjunto de regras próprias: o encadeamento de palavras, frases e parágrafos, limitados por um texto que, através de princípios de coesão e coerência, desenvolvem limites (pontuação, vocabulário adequado, letras maiúsculas, ortografia, etc.). Na escrita, pode-se dizer que a gramática é mais "convencional", porque a própria produção escrita é também mais consciente (3): pensa-se antes de escrever, rascunha-se e apaga-se. A margem de erro deve ser menor, para que haja leitura. Um erro ortográfico, na escrita, pode causar uma interferência, uma quebra na leitura; um erro na fala passa despercebido, na maior parte das vezes. O que se escreve permanece; esse caráter permanente da escrita é que transforma as regras de atualização.

Dentro dessas linguagens, porém, há diversas variações, que também obedecem às suas próprias regras. Uma emissão oral ou escrita pode ser construída formal ou informalmente, em diversos locais, para diferentes pessoas, em várias situações. Essas manifestações são denominadas variações lingüísticas. Todas são reguladas por regras: a linguagem dos jovens, dos velhos, do caipira, do morador da favela... O mesmo ocorre com a escrita, há uma gramática jornalística, literária, machadiana..., portanto, uma proposta para o ensino de gramática deve ser mais uma forma de pesquisa, de análise do discurso, entendida de forma científica (coletar dados, analisar e estabelecer sínteses) do que reafirmar mitos e crenças.

Um pouco mais sobre oral e escrito

As reflexões realizadas permitem estabelecer parâmetros mais complexos em relação ao ensino de gramática. No entanto, introduzir ao estudo um paralelo entre as modalidades oral e escrita estimula o intelecto do aluno na compreensão da atualização da língua: "... Nas últimas duas décadas, a preocupação sistemática com as especificações do oral e do escrito tem estado muito presente entre estudos da linguagem, mostrando-se como uma espécie de *questionamento – desafio* para um grande número de pesquisadores na área" (2).

A gramática da fala tem sido analisada, principalmente, pelo ângulo daqueles que dominam a escrita, criando um viés de pesquisa à compreensão de sua manifestação. É pertinente, entretanto, refletir sobre o seguinte:

> ... O oral existe sem a escrita mas a escrita não existe sem o oral. Grupos étnicos diversos, em comunidades primitivas ou desenvolvidas, servem-se sem exceção, da comunicação oral. A escrita, no entanto, já não se mostra como um *a priori* da vida dos grupos sociais. Se temos catalogadas aproximadamente 3000 línguas, sabemos que, dentre elas, somente 110 possuem escrita e apenas 78 chegam à literatura (2).

A elaboração de uma gramática da fala, entendendo-a como uma manifestação humana necessária à comunicação, deve levar em conta, portanto, as ocorrências sistemáticas no processo de atualização da língua, como:

> as condições de produção, a natureza do processo de interlocução, o contexto situacional e a essência fundamentalmente dialógica da comunicação verbal... (2)

Tal procedimento deveria também ser utilizado na compreensão da escrita, de forma que a ação pedagógica complementaria o saber já constituído pelo aluno,

> ... Não se pode mais admitir hoje um trabalho sistemático com o verbal na escola que não contemple fundamentalmente os dois tipos de realização. Deste modo, os professores necessitam estudar e conhecer *mais* e *melhor* os seccionamentos e as intersecções existentes entre oral e escrito, estudar e conhecer *mais* e *melhor* as dissemelhanças que entre eles ocorrem, considerando continuamente os níveis de inter-relação que presidem a construção de textos escritos e orais nos mais diversos registros (2).

OS DIFERENTES CONCEITOS DE GRAMÁTICA...

Definiu-se a gramática, ou as "gramáticas", como um conjunto de regras significativas. Para tanto, vale a pena refletir sobre a divisão elaborada pelos professores Rodolfo Ilari e Sírio Possenti (4), sobre o assunto:

1 – Gramática prescritiva ou normativa: conjunto de regras que devem *ser seguidas.*

O ensino da gramática prescritiva ou normativa pressupõe que há uma forma (única) de se falar e escrever corretamente, segundo padrões predeterminados pela linguagem escrita. Há um caráter ideológico presente (4) nessa afirmação; geralmente quem fala e escreve bem, domina os chamados setores econômicos e sociais. Transforma-se a gramática em um padrão escolhido, entre vários, e obriga-se o respeito às regras, segundo um critério de avaliação social. Nesse caso, compartimentalizam-se as diferentes manifestações lingüísticas, em certas ou erradas, repudiando o "erro" e valorizando o "acerto".

A matéria-prima desse ensino gramatical se concentra na observação da escrita considerada culta e de boa qualidade. A norma deve ser preservada do "mau uso". Já na Antiguidade Clássica, essa idéia era difundida: "... As gramáticas escritas pelos filólogos helenistas tinham então dupla finalidade: combinavam a intenção de estabelecer e explicar a língua dos autores clássicos com o desejo de preservar o grego da corrupção por parte dos ignorantes e iletrados... Desde o início, a cultura lingüística grega se interessou sobretudo pela língua escrita. O termo gramática que os gregos aplicavam ao estudo da língua dá testemunho disso: deriva da palavra "a arte de escrever"... Não se fazia uma distinção consciente entre os sons e as letras que os representavam, na medida em que se percebia alguma diferença entre a língua falada e a escrita, a tendência era sempre considerar a primeira como dependente e derivada da segunda..." (6). Tal reflexão reproduz algumas das "crenças" que condizem com a prática do ensino de gramática ainda hoje.

E a polêmica continua...

Muito se tem discutido sobre a necessidade do domínio pelo aluno da gramática normativa ou prescritiva. Há os que consideram fundamental essa aprendizagem e outros julgam-na desnecessária. Levando-se em conta que o aluno de 2º grau expressa-se oralmente e por escrito, conhece, portanto, as regras gramaticais e que as aprendeu, na prática, usando e analisando a língua materna, conclui-se que o domínio das regras normativas transforma-se em mais um instrumento de análise da língua – embora não o único – e distingue-se o critério ideológico, muitas vezes presente, na escolha dos conteúdos ministrados.

O ensino da gramática prescritiva, na escola, deve ter em mente a seguinte asserção: "Podemos dizer que a gramática tradicional pretende estabelecer as regras de uma língua e através delas ensinar a língua àqueles que já a dominam. Há uma contradição nessa definição: se os aprendizes já dominam a língua, a gramática nada terá a ensiná-los. De fato, a gramática tradicional estabelece regras de um predeterminado modelo ou padrão da língua, para aqueles que já dominam outras variantes dessa língua e também algumas regras daquela variante que é padrão" (5).

2 – Gramática descritiva: conjunto de regras que são seguidas.

O ensino da gramática descritiva (conjunto de regras que são seguidas) ainda é pouco explorado na escola. Quando se propõe o ensino da gramática, como pesquisa, esbarra-se diretamente na abordagem descritiva da gramática. Ela é orientadora do trabalho dos lingüistas, em geral, que procuram descrever as línguas como elas são usadas pelos falantes e escritores, efetivamente, não preservando regras e não se preocupando em "corrigir os erros". Não há certo ou errado, na gramática descritiva, porém há diversas manifestações lingüísticas, variando de acordo com as condições de uso.

Tal gramática procura verificar as regularidades que surgem nas variações, considerando a "norma" como uma das possibilidades:

> ... cada forma da língua, diferenciada social e regionalmente, tem... seu próprio padrão de pureza e correção... O dever primordial do lingüista é descrever o modo como as pessoas falam (e escrevem) realmente sua língua e não preceituar como elas deveriam falar e escrever. Em outras palavras, a lingüística em primeiro lugar, pelo menos, é descritiva e não prescritiva (ou normativa). (6)

Numa abordagem descritiva, o estudo da gramática transforma aquilo que era considerado "errado" naquilo que é "diferente", verifica toda a potencialidade do "novo", assimila os mecanismos sistemáticos da variante, analisa-os comparativamente, relacionando-os, estabelecendo identidades e diferenças.

O professor Sírio Possenti (Conferência IPBA – Instituto Pedagógico Brasil-Alemanha, São Paulo – 24 de junho de 1991) exemplifica o trabalho com uma gramática descritiva da seguinte forma: suponhamos que em um estudo de campo se grave a fala dos pescadores de uma região do Mato Grosso onde a regra na conjugação verbal seja: Eu pesco/Cê pesca/Ele/a pesca/Nóis pesca/Cês pesca/Eles pesca. Este é o uso regular na região onde se separa a 1ª pessoa do caso reto das demais. Temos, portanto, um sistema, formulado através da marca verbal de duas pessoas, semelhante ao inglês. Tal gramática é tão complexa quanto qualquer outra e foi aceita e formulada socialmente. Nota-se que a gramática descritiva trabalha de forma incluente e não excluente.

Um parêntese necessário

Deve-se atentar para o fato de que a língua está em constante mudança – ela varia de acordo com as necessidades sociais de uma determinada época – e os falantes e escritores se adaptam às transformações. O português, por exemplo, é proveniente do "latim vulgar", língua que, na época, não era considerada "um primor", tanto que o escritor Olavo Bilac, em seu soneto, "Língua Portuguesa", a intitula como: "A última flor do Lácio inculta e bela". No entanto, entendendo a concepção de língua como fruto de um processo de construção histórico-sócio-cultural, considera-se que ela está em constante transformação; não se cristalizando, evolui, porque o ser humano é assim, "como as necessidades mudam, as línguas tenderão a mudar, para satisfazer-se às novas condições." (6).

A obra de Amadeu Amaral *Dialeto Caipira* aponta os descaminhos da língua, quando mostra o aspecto conservador dos falantes do dialeto caipira em relação aos padrões contemporâneos, aproximando-os dos escritores do século XVI. O aspecto de "pureza" da língua só existe na "leitura inadequada" das formas de manifestação lingüística:

> ... Todas as línguas mudam constantemente: e, exatamente como o estado do tabuleiro de xadrez, num determinado instante, pode ser descrito independentemente da combinação particular dos movimentos que trouxe a partida a esse ponto, assim também os estados de uma língua, sucessivos ou delimitados social e geograficamente, podem ser descritos independentemente uns dos outros (5).

Considera-se gramática, nesta perspectiva, todo o texto produzido (escrito ou oral) dentro de um determinado contexto e aceito como correto, na comunidade lingüística, em que está inserido (7).

O trabalho com a gramática descritiva, dos usos efetivos da língua, explicita por que determinadas ocorrências fonológicas, sintáticas, lexicais, semânticas e textuais se efetuam da forma que se efetuam, nas construções interativas, de acordo com o significado determinado pelo contexto.

3 – Gramática internalizada: conjunto de regras que os falantes conhecem.

Admitir a premissa de que o falante domina as regras da língua, as estruturas básicas estão presentes na "cabeça" do falante (são pessoas que pensam, perguntam, falam, discutem na vida prática, com os amigos e familiares), permite adaptar critérios de análise e ajuda a definir qual seria a gramática apropriada para ser ensinada.

Verifica-se, nesse caso, uma diferença fundamental: saber as regras, usá-las, não significa saber falar sobre as mesmas; uma estratégia de ensino seria levar os alunos a conhecerem a gramática "da cabeça". Compreender os processos de pensamento articulados pela linguagem para depois descrevê-los e sistematizá-los.

Conhecer as "próprias" regras, pensar sobre elas e sobre as constituídas por outros meios, como o literário, o jornalístico, o científico, etc., corroboram e incentivam o pensamento a "pensar sobre si mesmo" e sobre o mundo. Transformar os alunos em sujeitos pensantes, analíticos, críticos, criativos, talvez seja o "ideal" mais democrático a ser instituído pela escola.

Ao descrever as três gramáticas tenta-se ampliar as possibilidades de trabalho em sala de aula, no ensino de língua portuguesa/2º grau. Além do método já utilizado pelo professor, na prática escolar, propõe-se recuperar com os alunos a gramática *internalizada* dos mesmos, *descrevê-la* junto ao grupo e conhecer outras formas de análise lingüística, inclusive, a *tradicional*.

UMA METODOLOGIA PARA O ENSINO DA GRAMÁTICA

Constituir um material de trabalho e submetê-lo à classificação, com as categorias já existentes; aprender o sistema como ele se realiza, como funciona; conhecer o uso efetivo da linguagem; submetê-lo às considerações sobre a linguagem escrita ou oral; despertar o interesse sobre a formulação, análise e síntese do material apresentado, seriam alguns caminhos apontados para o ensino da gramática.

A adoção de uma metodologia de ensino de gramática passa pelo critério de atendimento às necessidades diagnosticadas, no ato da aprendizagem da língua, de um determinado indivíduo, inserido em uma classe (ou série), dentro de um planejamento escolar, de acordo com as expectativas sociais existentes. O ato de ensinar também é contextualizado, em um espaço e tempo, mediado pelas conveniências do aprendiz e do professor e pressupõe, portanto, uma interação constante entre ambos e o objeto de estudo. Sob este ponto de vista, qualquer fórmula mágica deve ser recebida com desconfiança pelo professor, que deve adequá-la às suas necessidades.

Alguns dos pontos fundamentais, relacionados ao ensino tradicional, devem ser repensados, se a opção for pela prática de uma gramática descritiva do uso efetivo da língua como, por exemplo, a opção pela aula expositiva, como método de ensino (predominância da transmissão de conhecimentos do professor para o aluno). Nesse caso, prioriza-se a função do professor que transmite conhecimento e que acredita que os alunos assimilam, identicamente, a informação fornecida.

Através da transmissão de uma definição, cria-se a expectativa de que o aluno consiga entender o conceito. Além de definir, provavelmente, o professor expressará uma série de explicações e exemplificará com "frases" onde a ocorrência que corresponde ao conceito se manifesta. Supõe-se, então, que através da transmissão de um conhecimento adquirido pelo professor, através de muitos anos de estudo e leitura, o aluno consiga entender o conceito e depois repeti-lo, exemplificá-lo e usá-lo, na prática, o que nem sempre acontece.

No entanto, se o caminho escolhido for de análise do uso efetivo da língua, apenas a transmissão do conceito não resolverá a questão da aprendizagem e principalmente o aluno não conquistará sua prática individual de análise crítica, dos fatos da língua. Seria mais conveniente que o aluno, a partir de uma determinada definição (que pode ser da gramática tradicional), testasse a validade ou não do conceito e decidisse em que momento ele se aplica em determinado texto e por que se aplica.

Tal reflexão produzirá a possibilidade de se "desconfiar" dos produtos prontos que são transmitidos, sem uma análise crítica mais profunda. Seria mais proveitoso ensinar o aluno a pensar sobre os conceitos e reinventá-los, a partir de uma gramática textual pautada no significado: a significação textual é que estabelece os critérios de utilização das regras da língua.

Através do exemplo acima procurou-se discorrer abreviadamente sobre uma metodologia que melhor se adaptasse às reais necessidades do estudo de língua materna e particularmente sua gramática.

Uma gramática que não servisse apenas como mais um conhecimento supérfluo que se "aprende" e se "esquece", representando, para alguns, apenas *status* social; mas sim um conhecimento efetivo das regras da língua, usadas na linguagem falada ou escrita, dentro de uma perspectiva textual, contextualizada, limitadas por uma análise lingüística dialética do processo de construção sóciohistórico da língua.

NOTAS

1. SANTOS, I. P. dos. "Variação lingüística". *In* Projeto IPÊ. Língua Portuguesa: o currículo e a compreensão da realidade. São Paulo: CENP/SE, 1991.
2. ROCCO, M. T. F. "Oral e escrito: secções e intersecções". *In* *Leitura: teoria & prática*. Campinas, v.8, nº 14, 1989.
3. VYGOTSKY, L. S. *Pensamento e linguagem*. São Paulo: Martins Fontes, 1989.
4. ILARI, R. e POSSENTI, S. "Português e o ensino da gramática". *In* Projeto IPÊ. Língua Portuguesa II. São Paulo: CENP/SE.
5. SILVA, R. M. *Tradição gramatical e gramática tradicional*. São Paulo: Contexto, 1989.
6. LYONS, J. *Introdução à lingüística teórica*. São Paulo: Nacional/EDUSP, 1979.
7. Proposta curricular para o ensino de língua portuguesa — 1º grau. São Paulo: CENP/SE, 1991, 4ª versão.

ENSINO DE LITERATURA NO 2º GRAU: POSSIBILIDADES DE LEITURA

Zuleika de Felice Murrie

Ao iniciar o 2º grau, o aluno se depara com uma "disciplina" supostamente desconhecida: a literatura. E o ensino da mesma, através dos manuais didáticos e afins, reafirma o mito da ignorância e cria uma barreira entre o objeto de conhecimento (a literatura) e o sujeito aprendiz (o aluno). Esta barreira se coloca, através da utilização do texto literário, como algo descontextualizado da realidade imediata do aluno.

Tal concepção advém da história dos estudos literários, que desvinculava do contexto o texto literário, conceituando-o como algo "inatingível", possuidor de existência própria, independente do momento sócio-histórico-cultural, da intertextualidade nele presente e principalmente destituía-o de sua função: *a leitura*.

Todo texto, literário ou não, é construído de forma que possa ser lido. Assim sendo, autor, texto literário e leitor formam um todo relacionado dentro de um sistema. Cada uma das partes depende do todo e estabelece uma relação de trocas constantes, de contradições internas e externas, atribuindo à literatura um caráter humano e histórico.

Acrescenta-se, assim, à natureza literária, uma intenção determinada: a leitura. O leitor adquire um papel privilegiado, no estudo da literatura, revertendo pressupostos anteriores que enfatizam o papel "extraordinário" do objeto per si (no caso, o texto literário).

Refletindo sobre a inter-relação texto literário e leitor, nota-se que a literatura transforma-se em mais uma atividade humana, vinculada à utilização da linguagem verbal, principalmente à escrita, como expressão de pensamento e idéias sobre o mundo, tal que ele se apresenta ao homem e, portanto, sujeito a variações, contradições e valorizações. A literatura, sob este ponto de vista, é determinada pelo contexto social na qual está inserida e como tal é aprendida através da transmissão sócio-cultural, como a língua, e não apenas uma "disciplina" que se "ensina" na escola.

Nesta perspectiva de análise, infere-se que o aluno iniciante do 2º grau detém uma série de hipóteses, mesmo que não sistematizadas, em relação ao conceito de literatura. O 1º grau oferece uma série de possibilidades de reflexão e operação sobre os textos, através da leitura, interpretação, produção, etc., auxiliando-o na questão da linguagem escrita e suas possibilidades de uso. O aluno, por sua vez, ao interagir com a linguagem escrita, utiliza-se de instrumentos semelhantes àqueles dos autores de textos considerados literários: a língua portuguesa escrita, a relação gramatical entre as palavras, as normas lingüísticas, os diversos tipos de textos, expressões valorizadas como literárias...

Pesquisar, portanto, o conhecimento do aluno sobre leitura e produção de textos, descobrir as considerações que formula acerca da linguagem utilizada na literatura, seria um primeiro momento indicado, a fim de iniciar a sistematização das concepções literárias de cada época e seus respectivos registros e autores.

E se o aluno não souber ler e escrever?

Esta é uma questão muitas vezes formulada pelo professor, no seu contexto escolar. Para respondê-la, deve-se considerar seus múltiplos aspectos e não só aquilo que se valoriza como manifestação normativa da modalidade escrita. Como um exemplo dessas variantes, a leitura de uma pesquisa realizada pela prof.ª Lúcia L. Browne Rego, a partir da reconstrução de histórias clássicas infantis oralmente por crianças de pré-escola, demonstra que, bem antes de a criança aprender a ler e a escrever, já domina algumas características típicas da modalidade escrita literária.

> ... Neste capítulo, pretendemos argumentar que, para crianças que cedo tiveram oportunidades para escutar histórias lidas em voz alta e reproduzi-las, o momento da criação emerge como uma conseqüência natural de sua exposição prolongada ao mundo da literatura. É comum, por exemplo, aos textos produzidos por estas crianças, o uso das convenções lingüísticas relacionadas ao mundo da escrita (1).

Se a perspectiva de diferenciação do texto literário está vinculada à formação cultural e escolar do aluno, conclui-se que o aluno de 2.º grau, dentro deste paradigma de análise, expôs-se a, no mínimo, oito anos de aprendizagem sistemática de leitura e produção de textos no 1.º grau. Portanto sabe escrever e ler (mesmo não obedecendo a todas as regras do sistema), estabelece diferenças entre textos literários ou não, reconhecendo suas peculiaridades lingüísticas típicas, mesmo sem a devida categorização.

Um exemplo deste conhecimento pode ser reconhecido em um texto produzido por um aluno da 2.ª série do 2.º grau:

DESENTENDIMENTOS

Gosto até de escrever, porém, quando me impõem um tema a desenvolver, me vejo podado, com pequenas asas, como se fossem as de um insignificante inseto.

Aqui estou eu, em uma destas situações, uma professora me propôs desenvolver a seguinte frase: "Ele criou asas e"; com certeza ela desejava que criacemos asas e nos transportacemos para vários lugares, situações e diálogos.

A professora porém, não entendeu o sentido de minha redação e logo ganhei uma nota baixa, talvez com razão, mas fui reclamar meus direitos a ela, dizendo.

— Professora, o que fiz de errado?

– Você saiu do tema, e ainda não fez uma narração!

– Mas professora, fiz uma redação, e não tenho culpa de não desenvolve-la como a senhora gostaria que fosse desenvolvida, fila com carinho e esforço e convenhamos, até que não está mal.

– Sim, ela não está ruim. Mas regras tem que ser cumpridas!

Naquele momento gostaria de criar asas e sair voando daquele lugar.

A professora havia proposto o seguinte tema para a criação de uma narrativa "Ele criou asas e...", porém, o aluno, indignado com tal situação de escrita, resolve "criar" uma situação imaginária, na qual ele se torna o personagem principal e reproduz, através de uma linguagem bem articulada, uma crônica reflexiva que tematiza a situação de um escritor, frente a um tema que lhe garantirá uma boa nota final.

Analisando a produção textual do aluno, percebe-se:

– a utilização da língua portuguesa escrita em todas as suas possibilidades de variação, inclusive a modalidade padrão, a qual se utiliza com bastante propriedade (desenvolvê-lo, fi-la, transportássemos, insignificante, etc.);

– a competência nas construções textuais, morfossintáticas, lexicais e semânticas;

– a construção de um texto coerente e coeso, no nível semântico (gosto até de escrever, impõe um tema, desenvolver a seguinte frase,...), no nível morfossintático (gosto, vejo, entendeu)...;

– distribui as frases dentro do parágrafo, os parágrafos no texto, utiliza-se de sinais de pontuação, articulação entre os diálogos,...

No entanto, a produção ultrapassa os limites de mais um texto produzido para correção, porque cria uma situação hipotética, crítica e bem-humorada. O aluno se utiliza de um metatexto para reproduzir o momento e o contexto do ato da escrita, valendo-se de recursos textuais próprios, como: a introdução do personagem em primeira pessoa (identificado ao narrador) que estabelece um diálogo com o outro personagem (o professor), o tempo seqüencial da narrativa, o suspense, etc.

Os recursos lingüísticos são elaborados de forma que as palavras e expressões empregadas transmitam um metassignificado, as metáforas (podado, insignificante inseto), metonímias (criar asas e sair voando daquele lugar), a persuasão...

Este texto não pode ser reduzido a uma simples informação sobre o assunto: a escrita de uma redação. Ele carrega intrinsecamente a possibilidade do texto literário, a transposição da realidade através da articulação textual e lingüística das idéias expostas.

CONCEITUANDO TEXTO LITERÁRIO

A polêmica em torno do conceito de texto literário é notória. Desde os gregos, passando pelos românticos e chegando aos modernistas, procura-se um conceito universal que defina as características de texto literário.

A análise semântica e etimológica da palavra literatura também não esclarece a questão: "... a semântica da palavra "literatura" não pode, evidentemente, ser tomada para a elucidação do problema que envolve a conceituação da arte literária. Esta palavra confundia-se com "gramática", ou seja, o ensino das letras e da escrita. O que as diferia era a etimologia: "Literatura (do latim) e "Gramatika" (do grego) ..."Litterator" e "Grammatikos" eram a mesma coisa: professores que ensinavam a ler e a escrever. "Littera" e "Gramma" significavam "letra", pura e simplesmente. A "arte das letras" ainda significava para Platão e Aristóteles apenas a arte da leitura e da escrita... Somente a partir do séc. XVIII, a palavra literatura despojou-se da identificação com a gramática, assumindo o sentido especial que, em nossos dias, apresenta" (2).

Quanto ao conceito atribuído à literatura, pode-se destacar alguns que, ainda hoje, fundamentam sua análise teórica e ensino.

Um dos mais discutidos encontra-se entre os gregos na *Poética* de Aristóteles:

> A literatura é imitação (mímesis) da realidade... Não sendo, obviamente, o caso de nos determos na teoria aristotélica, apenas cabe aflorar o sentido com que o filósofo emprega a palavra "mímesis" em sua *Poética*. Afonso Reys admite três significados para ela, mas adverte que o terceiro apesar de inegáveis vacilações, é o que corresponde à doutrina aristotélica:
> 1º) o significado vulgar em que "mímesis" se reduz à reprodução do objeto exterior, ao retratismo;
> 2º) em que o filósofo imita o método, a criação divina limita o processo do suceder;
> 3º) que se refere à expressão por meio da arte do tipo que o artista tem na alma, correspondente à coerência ou semelhança entre a casa que o artista constrói e a que vislumbra em sua mente (3).

Comparando o conceito aristotélico ao conceito de Fidelino Figueiredo, já no século XX, nota-se que em essência pouco mudou, "arte literária é, verdadeiramente, a ficção, a criação de uma supra-realidade com os dados pessoais, singulares e pessoais da intuição do artista" (3).

A preocupação dos críticos em definir o objeto (texto literário) desvinculado da relação contextual que mantém com o leitor dentro de um espaço e tempo determinados, da intertextualidade nele presente gerou conceitos que muitas vezes incorporam um caráter "místico" da natureza literária ou priorizaram o texto como "imaginativo ou ficcional" em sua essência.

Perceber os elementos que valorizam um texto dentro de determinada época e lugar, como apropriado à consideração literária, permite verificar quais características são pertinentes ao momento sócio-histórico-cultural envolvido: "A definição de literatura fica dependendo da maneira pela qual alguém resolve ler, e não pela natureza do que é lido... alguns textos nascem literários, outros atingem a condição de literários, e a outros a condição é imposta... O que importa pode não ser a origem do texto, mas o modo pelo qual as pessoas o consideram. Se elas decidirem que se trata de literatura, então ao que parece o texto será literatura, a despeito do que seu autor tenha pensado" (4).

Vários exemplos desta consideração podem ser verificados na literatura brasileira, os *Sermões* de Vieira, *Casa Grande & Senzala*, de Gilberto Freire; *Os Sertões*, de Euclides da Cunha,...

O conceito de literatura sob este ponto de vista estabelece, para sua definição, um elo profundo com o contexto social:

> A literatura é uma instituição social. Processos literários tão tradicionais como o simbolismo e o metro são por natureza sociais. Constituem convenções e normas que só podiam ter surgido em sociedade. Acresce que a literatura representa a vida: e a vida é, em larga medida, uma realidade social, não obstante o mundo interior ou subjetivo do indivíduo terem sido, também, o objeto de imitação literária. O próprio poeta é um membro da sociedade, possui uma condição social específica: recebe um certo grau de consideração social e de recompensa, dirige-se a um público por mais hipotético que ele seja (5).

UMA PROPOSTA METODOLÓGICA DE ENSINO DE LITERATURA

O ensino de literatura no 2º grau pode estabelecer recortes do objeto a ser analisado sem que os mesmos se esgotem em uma abordagem descontextualizada.

Os conceitos de texto literário em diversas épocas, através dos escritores representantes de cada momento, devem ser criticados e analisados à luz da perspectiva atual da crítica, bem como a partir das leituras efetivamente realizadas pelos alunos, a fim de não se tornarem parte de um ensino autoritário e ideológico, centrado no professor como transmissor do próprio saber sobre o assunto. Mário de Andrade, escrevendo sobre Machado de Assis, questiona o leitor:

> ... Talvez eu não devesse escrever sobre Machado de Assis nestas celebrações de centenário... Tenho pelo gênio dele uma enorme admiração, pela obra dele um fervoroso culto, mas eu pergunto, leitor, para que respondas ao segredo da tua consciência: amas Machado de Assis?... E esta inquietação me melancoliza... Com raríssimas exceções, e já passaram por minhas preocupações várias dezenas de alunos moços, só vi o culto por Machado de Assis principiar depois dos trinta anos. Não que os moços o ignorem, mas quando lhes falamos nele, fazem um silêncio constrangido e concordam muito longínquos e desamparados. As exceções existem pelo fato de existirem moços que aos vinte anos já têm trinta, já têm quarenta e mais meticulosas idades. Pra se cultuar Machado de Assis, há que se ser meticuloso... (6)

Parodiando Mário de Andrade, para se cultuar os autores clássicos da literatura, há que se *aprender* o significado sócio-histórico-cultural das suas obras, a linguagem por eles utilizada, a intertextualidade neles presente, só então o aluno poderá amá-los e cultuá-los e principalmente compreendê-los.

Tal compreensão necessita do auxílio de um professor que irá motivar a leitura da obra, gerando o "prazer" da leitura, porque "prazer" também se aprende. Os versos de Carlos Drummond de Andrade, no seu poema "Procura da Poesia", refletem sobre a importância do aprendiz leitor-escritor:

> Não faça versos sobre acontecimentos.
> Não há criação nem morte perante a poesia.
> Diante dela, a vida é um sol estático,
> não aquece nem ilumina.
>
> Penetra surdamente no reino das palavras;
> lá estão os poemas que esperam ser escritos.
> Estão paralisados, mas não há desespero,
> há calma e frescura na superfície inata.
> Ei-los sós e mudos, em estado de dicionário.

Chega mais perto e contempla as palavras.
Cada uma
tem mil faces secretas sob a face neutra
e te pergunta, sem interesse pela resposta,
pobre ou terrível que lhe deres:
Trouxeste a chave? (7)

O poema de Drummond indica um caminho para o leitor (e por que não dizer professor?) que pressupõe o texto literário como apenas uma re-criação da realidade, através da imaginação do autor, mediado pela palavra. Enfatiza, sim, a palavra como elemento transformador; a matéria-prima do escritor que dela se utilizará para reescrever, através da linguagem, o real captado sob um ponto de vista social ("... Chega mais perto e contempla as palavras"); no entanto, introduz uma pergunta dirigida ao leitor: "Trouxeste a chave?" O texto literário depende de uma "chave" para ser penetrado e o segredo da fechadura deve ser aprendido.

O aluno trará a "chave", porém o "segredo" é ensinado pelo professor que procurará criar situações de aprendizagens que proporcionarão ao aluno a possibilidade de amar e cultuar a literatura.

A atualização do texto literário depende da leitura realizada e cada leitor traz sua própria perspectiva de mundo, expectativas que o atraem, releituras dependentes do conhecimento de cada um, passíveis de transformação, à medida que se constrói um saber sistematizado sobre as mesmas;

> Da mesma forma que os falantes de uma língua só podem atribuir significado a frases nesta língua, porque compartilham de sua gramática, os leitores de literatura só podem atribuir significado literário às obras que lêem porque compartilham de certas atitudes, habilidades, normas, expectativas e conhecimentos que "deflagram" o sentido literário de um determinado texto. E certos textos, ao responderem adequadamente a tais atitudes, ao espicaçarem tais habilidades, ao satisfazerem tais normas, ao corresponderem a tais expectativas, impõem-se como literários, ficando o julgamento de seu

valor estético maior ou menor como decorrência do *modo* pelo qual tais requisitos são satisfeitos... (6)

A partir dos pressupostos discutidos, o ensino de literatura deve ampliar o conhecimento do aluno sobre o texto literário, num processo constante de repensar, de construção e desconstrução, desenvolvendo a observação do raciocínio, a análise e síntese, a crítica, através da exposição a diferentes formas de expressão artística, estabelecendo relações entre: diferentes textos (intertextualidade); textos do mesmo autor em diferentes momentos históricos: gêneros de diversas épocas; a linguagem utilizada pelo autor e outras linguagens...

Desta forma é que se aprende a "ler" literatura e se adquire o "prazer" pelo texto literário, aprendendo, pesquisando, numa incessante procura da "chave" para entrar nesse "estranho ninho" que é a literatura.

NOTAS

1. REGO, Lúcia Lins Browne. *Literatura Infantil: Uma nova perspectiva de alfabetização na pré-escola*. São Paulo: FTD, 1988.
2. TAVARES, Hênio. *Teoria Literária*. Belo Horizonte – Rio de Janeiro: Villa Rica, 1991.
3. MASSAUD, Moisés. *A Criação Literária*. São Paulo: Melhoramentos, 1970.
4. EAGLETON, T. *Teoria da Literatura: uma introdução*. São Paulo: Martins Fontes, 1990.
5. WELLEK, R. e WARREN, A. *Teoria e Literatura*. Lisboa: Publicações Europa América. Biblioteca Universitária, 1971.
6. ANDRADE, Mário. *Aspectos da Literatura Brasileira*. São Paulo: Martins Fontes/INL/MEC. 1972.
7. ANDRADE, Carlos Drummond de. *Reunião*. Rio de Janeiro: Livraria José Olympio Editora, 1969.
8. LAJOLO, Marisa. *Leitura: um estranho no ninho da teoria literária*. Campinas: UNICAMP, 19 (Mimeogr.).

PRÁTICA DE ENSINO DE PORTUGUÊS: NOS DOMÍNIOS DA TEORIA

*Alice Vieira**

> Gerir o saber estabelecido e sentir o que está em vias de nascer são, depois de tudo, os dois pólos de tensão que constituem a harmonia conflitual de todo o conhecimento.
>
> MAFFESOLI. *O Conhecimento Comum*

Trabalhar com prática de ensino de português tem representado para mim um desafio instigante e motivador, na medida em que a formação de professores não constitui tarefa das mais simples.

Situada no final do curso de licenciatura, a disciplina "Prática de Ensino de Português", em princípio, deveria receber alunos com conhecimentos específicos de língua portuguesa, literatura brasileira e portuguesa, teoria literária, teoria da comunicação, semiótica, lingüística, piscolingüística e sociolingüística. Acrescente-se a essa lista conteúdos de psicologia, didática, teorias da aprendizagem e ensino.

Profª. Dra. de Prática de Ensino de Português da Faculdade de Educação da USP.

Em face da amplitude do saber exigido, poucos alunos teriam condições ideais de exercer o magistério. Mas idealizações à parte, a prática de ensino tem entre seus objetivos o de retomar aspectos fundamentais dos conteúdos específicos, relacioná-los às teorias da aprendizagem de ensino, visando a sua aplicação em escolas de 1º e 2º grau.

Aparente simplicidade que se perde no labirinto de problemas e dificuldades surgidos ao longo do caminho, em momentos diversos.

Vamos a eles.

Muitos alunos apresentam lacunas significativas em sua formação acadêmica, desconhecendo e/ou ignorando tópicos importantes do currículo. Uns, por inclinação natural, dedicam-se à literatura em detrimento da língua ou vice-versa. Outros, por inúmeros motivos, passaram pela universidade sem se aprofundarem nos conteúdos estudados.

Para alguns, a prática de ensino deveria oferecer métodos, técnicas e recursos eficazes, "fórmulas mágicas" capazes de solucionar todos os problemas de sala de aula.

Outros, convictos de seus conhecimentos e fundamentados em experiências pessoais, rejeitam a prática de ensino, e projetam o modelo pedagógico em antigos professores. "O que foi bom para mim, também será para meus alunos", afirmam. Essa atitude saudosista, de certa forma, é muito comum não só em relação à escola, mas à sociedade em geral. Tendemos a valorizar o passado, julgando-o melhor do que o presente. A memória seletiva atua, esquecendo as más lembranças e conservando as boas. Entretanto, em termos de ensino, é preciso que estejamos atentos para que situações menos benéficas não se repitam.

Mas nem tudo são espinhos.

A maior parte dos alunos possui sólidos conhecimentos, preocupa-se com a educação, bem como demonstra interesse na construção de um saber voltado para o ensino de língua materna.

Iniciamos o primeiro semestre, com a discussão do papel da

prática de ensino no curso de licenciatura, e de seus principais objetivos, procurando criar um espaço, no qual dúvidas e questões sejam colocadas e respondidas.

O nome da disciplina "Prática de Ensino e Estágios Supervisionados" traz conotações negativas. Seja por remeter a um conjunto de métodos, técnicas e recursos neutros, ligado estreitamente ao "fazer" e sem qualquer vinculação com o "pensar" (prática de ensino). Seja por remeter à idéia de que a disciplina efetiva-se apenas com a permanência do futuro professor em estabelecimentos de ensino de 1º e 2º grau (estágios supervisionados), sem oportunidade de sistematizar e analisar o observado e/ou realizado.

Embora a prática de ensino de português aborde questões relativas à prática docente e aos estágios supervisionados, não se limita a esses dois aspectos, antes amplia-se e configura-se em lugar de reflexão, pesquisa e ação.

Nessa perspectiva, torna-se imprescindível a leitura, discussão e crítica de textos que se referem aos conteúdos específicos de português, bem como de textos sobre teorias do conhecimento. A fundamentação teórica subsidiará o estabelecimento de relações entre a história da construção do conhecimento (língua, literatura, gramáticas...) e o percurso de cada indivíduo na construção de seu conhecimento.

O questionamento envolvendo a aprendizagem emerge das relações estabelecidas, oferecendo ao futuro professor condições de não só analisar os métodos de ensino, mas também de elaborar projetos de ensino de língua materna.

A concretização dos projetos em escolas oficiais ou em minicursos realizados na Faculdade de Educação, possibilita a ação efetiva dos licenciados.

Conhecer o cotidiano escolar, seus problemas, possíveis soluções e, sobretudo, em que condições o ensino de português realiza-se é a etapa seguinte do curso.

Nas últimas décadas, a escola pública cresceu, aumentando o número de vagas, e recebendo uma população heterogênea, proveniente de camadas sócio-culturais diversificadas. Aumento de quantidade, não seguido pela expansão de qualidade, de vez que ao "abrir as portas" a escola não estava preparada para os novos alunos.

O fracasso e a evasão escolar aí estão, demonstrando quão frágil é o sistema educacional e quão despreparado estava para assimilar e formar alunos com características e necessidades diferentes daqueles que a freqüentavam até a década de 60. Considerando-se somente as quatro últimas séries do primeiro grau, observa-se, independentemente da localização da escola, o esvaziamento das salas. Nas 5ª e 6ª séries, encontram-se classes numerosas com mais de cinqüenta alunos, número que cai assustadoramente para vinte ou vinte e cinco, nas 7ª e 8ª séries. E não é raro, encontrarem-se classes com apenas quinze alunos.

O fracasso da e na escola, naturalmente não decorre de fatores psicológicos e pedagógicos, mas inscreve-se em um contexto sócio-político-econômico-cultural mais amplo. Entre os inúmeros fatores que contribuem para o fortalecimento e a consolidação dessa situação encontra-se a questão da *linguagem*.

Tema amplamente pesquisado, estudado e discutido, por sua extensão e complexidade continua desafiando a sociedade e a escola em geral, e o professor de português em particular.

Procedentes de diversas regiões do Brasil, filhos de migrantes ou de imigrantes, os "novos alunos" possuem culturas diferenciadas que não se expressam somente em usos e costumes regionais, mas também em dimensões míticas e imaginárias que alicerçam visões de mundo distintas. E nesse contexto, a variante lingüística dominada satisfaz plenamente as necessidades de comunicação e expressão do grupo a que pertencem. Desconhecem, no entanto, a norma padrão que a escola, tradicionalmente, usa e prestigia.

O desconhecimento da norma padrão impede que o diálogo entre a escola e os alunos realize-se. Os professores surpreendem-se com o fato de não serem compreendidos pelos alunos, e de não entenderem o que lhes é comunicado. O primeiro passo para reverter esse quadro, e chegar-se ao entendimento mútuo pode ser a criação de um espaço de interlocução, em que as variantes lingüísticas sejam reconhecidas e aceitas pela escola. Os alunos aí estão, esperando a oportunidade de conhecer e dominar a norma padrão, sem serem discriminados pelo dialeto que utilizam.

Contudo, o preconceito lingüístico encontra-se bastante arraigado na sociedade, independentemente da escolaridade e do nível sócio-econômico-cultural do falante. Manifesta-se também em indivíduos menos privilegiados economicamente. Na busca de *status*, é comum vermos migrantes que rejeitam pessoas de seu meio social, alegando que elas não se expressam "corretamente". Moças que só querem namorar paulistas, argumentando que eles "sabem conversar", "falar direitinho". Reconhecem intuitivamente as variantes lingüísticas, mas valorizam a que não dominam em detrimento da própria.

Esse preconceito se intensifica entre os falantes da norma padrão. Geralmente, em tese, admitem-se as teorias que afirmam a variedade dos dialetos, seu valor como sistemas estruturados e coerentes, bem como sua igualdade com a norma padrão enquanto meio de comunicação e expressão. No entanto, no momento de aplicá-las, o preconceito retorna e os professores julgam os alunos limitados em sua capacidade de expressão e de aprendizagem.

As afirmações acima, naturalmente, não significam que a norma padrão deva ser substituída pelos dialetos dos alunos das camadas populares, nas escolas por eles freqüentadas. É o domínio da norma padrão que possibilita ao indivíduo o acesso à cultura letrada, ao mesmo tempo que o instrumentaliza para uma participação social e política efetiva. Para que esse objetivo se torne realidade, é necessário romper com um ensino que enfatiza a reprodução e transmissão de conteúdos, mediante metodologias tradicionais. Ao contrário, deve-se abrir caminho para o conhecimento da linguagem do outro, buscando apoio em teorias tanto na área da lingüística e de disciplinas afins, quanto nas de disciplinas pedagógicas. Teorias que permitem o conhecimento da realidade escolar, em uma perspectiva que respeita e valoriza a heterogeneidade dos alunos e a diversidade lingüística.

Conhecer a problemática que envolve a questão educacional, em seus vários aspectos; provocar rupturas, conscientizar o futuro professor da necessidade de mudanças urgentes, no ensino de língua materna, são alguns dos objetivos da prática de ensino de português.

Embora as exceções sejam numerosas, encontram-se ainda, entre os professores de português, dois tipos extremos. De um lado, aqueles mais tradicionais que organizam seus cursos, segundo modelos antigos, nos quais privilegia-se a transmissão de "pontos" da gramática normativa, acompanhada de exercícios de avaliação. Para eles, o conhecimento das regras e exceções da gramática normativa permite que os alunos escrevam, leiam e falem da melhor maneira possível. De outro, aqueles que acreditam na criatividade do aluno e na espontaneidade do ensino. Cada aula é uma aventura, onde cada um toma o seu barco e segue seu rumo. Não há conteúdos, não há objetivos, não há direção. As conseqüências das duas atitudes são bem conhecidas, e dispensam comentários.

Para que mudanças significativas ocorram creio que o professor de português, além de dominar os conteúdos básicos da disciplina, deve saber como o conhecimento sobre a língua foi elaborado ao longo do tempo. Nesse sentido, é preciso que o conhecimento não seja visto de maneira estanque e isolada, mas, na medida do possível, em sua totalidade. É nessa perspectiva que são desenvolvidos, no curso, os tópicos seguintes: relações entre pensamento e linguagem, aquisição e desenvolvimento da língua materna, desenvolvimento da linguagem oral e suas relações com a escrita, construção da escrita, construção do saber lingüístico e literário.

No trabalho com a escrita, por exemplo, o licenciando deve rever seu conhecimento sobre a história da escrita, suas relações com a evolução do pensamento humano e com representações simbólicas diferentes. Como em uma rede, esse conhecimento articula-se ao da formação da língua portuguesa e de suas transformações, ao da elaboração das primeiras gramáticas no século XVI até ao das descrições lingüísticas neste século. À visão diacrônica impõe-se a sincrônica. O português falado e escrito no Brasil hoje, com as peculiaridades que lhe são próprias.

Paralelamente, são examinadas e discutidas teorias que procuram explicar e descrever o processo de construção da escrita, pela criança, nas perspectivas cognitiva, interacional, construtivista, entre outras. Estudos e pesquisas sobre alfabetização, bem como sobre produção de textos nas diversas fases da escolaridade são vistos em classe, numa tentativa de fazer com que o futuro professor não considere a produção de textos de forma fragmentada e isolada; que ele tenha condições de perceber o caminho que a criança e o adolescente percorrem desde os primeiros contatos com o mundo da escrita até o momento em que lhe pedem um texto dissertativo, no 2º grau; e ao mesmo tempo, que possa distinguir, nesse processo, o que se refere às estruturas do pensamento e ao desenvolvimento intelectual do indivíduo, o que é resultante da interação social e o que pertence à ação do ensino sistemático.

A elaboração, em grupos, de projetos de produção e recepção de textos dá continuidade à atividade, que se prolonga em escolas da rede oficial ou nos minicursos ministrados na Faculdade de Educação. Nas aulas de prática de ensino, são discutidos os problemas e as dificuldades surgidos no desenvolvimento dos projetos. A interação teoria-prática-teoria realiza-se, então, na busca conjunta de explicações e soluções.

Ao lado dos conteúdos específicos do ensino de português, efetua-se o estudo de documentos oficiais que orientam a escola de 1º e 2º graus, quanto às diretrizes a serem seguidas em termos de conteúdos, metodologias e atividades, bem como da concepção e filosofia de ensino predominantes. Nessa ocasião, apontam-se e analisam-se as mudanças ocorridas desde os "Roteiros de Orientação para a Cadeira de Português" elaborados pela Chefia de Serviço do Ensino Secundário e Normal, até as "Propostas Curriculares de Língua Portuguesa para o 1º e 2º Grau" organizadas pela CENP.

Nas alterações verificadas, podem-se rastrear momentos distintos da situação política do país, tanto no aspecto que se refere aos conteúdos e metodologias, quanto no da ação do professor. Nesse sentido, observa-se nos últimos anos que o poder de decisão do professor tem-se ampliado, de vez que cabe a ele definir e organizar o conteúdo programático de suas turmas, bem como as formas de desenvolvê-lo. Infelizmente, muitas vezes, a liberdade de ação não sai do campo teórico, pois limitações de ordem prática impedem seu livre exercício.

O polêmico livro didático, execrado por uns e amado por outros, é analisado no curso de prática de ensino, tendo-se sempre em vista as implicações políticas e econômicas que condicionam sua produção, divulgação e distribuição.

No decorrer da análise, entre outros itens, considera-se a exatidão dos conteúdos apresentados, a adequação das propostas de exercícios e de metodologia às teorias da aprendizagem e às propostas curriculares. Enfim, procura-se definir sua função, em sala de aula, como um dos recursos didáticos à disposição do professor e dos alunos, e não como condutor da prática pedagógica.

O estágio supervisionado, momento do curso em que a interação teoria-prática-teoria se completa, inicia-se paralelamente às atividades desenvolvidas em sala de aula. Num primeiro instante, os licenciandos voltam às escolas de 1º e 2º grau, a fim de conhecer e analisar as circunstâncias em que o ensino ocorre. A observação da estrutura e funcionamento da escola, bem como de aulas de português, permite, em um segundo momento, fixar diretrizes que nortearão o estágio de regência. Assim, os aspectos pertinentes observados nas escolas são discutidos e examinados nas aulas de prática, e levados em conta quando da elaboração dos projetos de recepção e produção de textos.

Segundo as condições e oportunidades proporcionadas pelas escolas, o estágio de regência pode ser feito de maneiras diferentes. Em alguns colégios, os professores cedem aulas aos estagiários, que assim podem atuar diretamente na sala de aula. No contato com classes regulares, vivenciam a experiência do magistério de forma mais positiva. Muitas vezes, o licenciando tem oportunidade de colocar em prática os projetos elaborados no curso de prática. Entretanto, isso nem sempre é possível e, às vezes, nas aulas de regência, o estagiário sob a orientação do professor da sala, limita-se a seguir o livro didático. No primeiro caso, há troca de experiências enriquecedoras entre professor e estagiário; no segundo, o estágio de regência cumpre-se, apenas, formalmente.

Em outros colégios, depois de um primeiro contato com a direção e os professores de português, propõe-se a formação de classes, fora do horário regular de aulas, com alunos de várias salas da mesma série. Nesses estágios, procura-se atender às necessidades dos alunos, oferecendo cursos de recuperação ou minicursos de produção e recepção de textos. Em estágios dessa natureza, os licenciandos mostram-se bastante motivados, empenhando-se no planejamento, execução e avaliação da atividade. Por outro lado, os resultados são sempre positivos, tanto em relação ao desempenho dos estagiários quanto ao aproveitamento dos alunos que seguiram os cursos.

Quando as dificuldades surgem, outros caminhos aparecem. Assim, além dos estágios de regência realizados nas escolas oficiais, o licenciando pode organizar minicursos de português que são oferecidos a alunos e funcionários da universidade, e à população em geral, nas dependências da Faculdade de Educação.

Experiência iniciada há alguns anos, os minicursos atingem dois objetivos. De um lado, permitem ao licenciando a realização efetiva de estágios de regência, e, de outro, ampliar a ação da universidade na comunidade, atendendo, em parte, às suas necessidades.

E como funcionam?

No mês de março abrem-se as inscrições e são formadas turmas, com até vinte e cinco alunos obedecendo a critérios de faixa etária, grau de escolaridade, nível de conhecimentos lingüísticos e interesses dos candidatos. Os licenciados participam do projeto desde o início, definindo as turmas, auxiliando nas matrículas e na organização das classes. As aulas, com duração de duas horas, são dadas uma vez por semana, em horário estabelecido pelo estagiário.

Nas aulas de prática de ensino, são elaborados projetos de produção e recepção de textos, de acordo com a faixa etária, grau de escolaridade e interesse da turma. Durante o semestre, assisto a algumas aulas de todos os estagiários. Desse modo, aspectos positivos e negativos são retomados em sala de aula, discutidos com os licenciandos, e modificados, quando necessário.

A cada ano aumenta o número de candidatos aos minicursos, representando diversas faixas da população. Adolescentes que desejam preparar-se para o vestibular. Funcionários que pretendem melhorar seu desempenho profissional. Alunos da graduação e pós-graduação que sentem necessidade de redigir de forma mais adequada. Já tivemos até professores de português freqüentando os minicursos.

Os minicursos realizados na Faculdade de Educação têm atendido às expectativas, tanto do futuro professor que quer colocar em prática estudos e pesquisas sobre o ensino e a aprendizagem quanto daqueles que os procuram com o objetivo de aumentar sua capacidade de expressão em língua portuguesa.

Estágios de observação, de regência, minicursos são momentos importantes e significativos do curso de prática de ensino, na medida em que possibilitam o livre trânsito entre a teoria e a prática, mesmo com os percalços do caminho.

Ao escrever este texto optei por dar uma visão abrangente, embora superficial, do trabalho com a prática de ensino de português. Conseqüentemente, alguns pontos foram apenas mencionados e outros pouco explorados. Entretanto, não seria possível, nos limites de um artigo, aprofundar todos os pontos.

As escolhas são sempre difíceis e dolorosas.